PETITS MÉMOIRES

D'UNE

STALLE D'ORCHESTRE

F. AUREAU. — IMPRIMERIE DE LAGNY

PHILIBERT AUDEBRAND

PETITS MÉMOIRES

D'UNE

STALLE D'ORCHESTRE

(Acteurs, Actrices, Auteurs, Journalistes)

PARIS

JULES LÉVY, LIBRAIRE-ÉDITEUR

2, RUE ANTOINE-DUBOIS, 2

1885

EN GUISE DE PRÉFACE

———

— Comment ! encore un livre, et un livre sur le théâtre !

— Mon Dieu, oui.

— Mais il en paraît, tous les jours, de ces livres-là !

— Cela prouve qu'on ne cesse pas d'en vouloir.

— Eh bien, que chante ce nouveau venu ?

— Mille choses, toute sorte d'histoires. Tenez, un mot d'explication là-dessus.

— Parlez.

— De son métier l'Auteur est journaliste. Un biographe a dit qu'avec les feuilles qu'il a noircies de sa plume on couvrirait aisément la place du Carrousel, et cela est vrai. Durant près de quarante-cinq ans, il a fréquenté, à peu près tous les soirs, les divers théâtres de Paris. Hommes et choses, le mouvement littéraire et le mouvement artistique, les auteurs, les acteurs, le public, la salle, les coulisses, le foyer, l'affiche, le feuilleton, les procès, il a vu défiler sous ses yeux tout un monde à part, bigarré, passionné, étrange, le plus curieux de tous les mondes.

— Celui de Jacques Callot au dix-neuvième siècle?

— Précisément. Or, ce sont ses Souvenirs à cet égard qu'il rassemble aujourd'hui dans ces pages. Dans ce livre, divisé en un grand nombre de chapitres, on trouvera des portraits de grands artistes, des traits historiques ignorés des conteurs, des anecdotes et aussi beaucoup de ces *on dit* de foyer, de ces mots aigus et ailés, qui voltigent à travers les groupes, les jours de première représentation.

— Un sujet d'amusement pour les oisifs, tout au plus.

— Attendez. Un sujet d'amusement, soit, mais tout cela forme, en outre, un coup-d'œil jeté sur la vie théâtrale, telle qu'elle était hier encore, mais telle qu'elle ne sera sans doute plus demain. En raison de ce qu'il vient de dire, l'Auteur a cru devoir donner à ce nouveau livre ce titre : *Petits Mémoires d'une stalle d'orchestre.*

— Va pour le titre.

— Un dernier mot. S'il arrive que le public y prenne goût, il y sera donné suite.

P. A.

PETITS MÉMOIRES

D'UNE

STALLE D'ORCHESTRE

I

SAINT ELLEVIOU

Toutes les fois qu'un Lauréat du Conservatoire aborde avec un peu de succès les planches de l'Opéra-Comique, un vieillard quelconque, un Nestor de l'orchestre, allant à lui, par amour de l'art, le prend à part et lui dit :

— Jeune homme, pensez à Elleviou.

Elleviou, vous vous le rappelez sans doute, a été un des plus brillants chanteurs du premier Empire.

L'ancien Opéra-Comique en avait fait quelque chose comme un dieu.

On l'assourdissait de bravos, on le bombardait de couronnes et de fleurs; on le couvrait de billets de mille francs.

Un moment, de Marengo à Austerlitz, Elleviou a été regardé comme l'homme le plus heureux de son temps.

Succès d'argent, Elleviou ;

Succès de femmes, Elleviou ;

Succès de renommée, Elleviou.

Paris, côté des hommes, s'habillait comme Elleviou.

Paris, côté de l'autre sexe, ne parlait que comme Elleviou, c'est-à-dire en zézayant légèrement.

Un jour, en plein succès, se voyant en belle santé, Elleviou, ne voulant plus être qu'un homme heureux, prit une résolution bien rare chez les grands artistes.

— J'ai assez de fortune pour me retirer à la campagne et y vivre en sage, dit-il. Assez de vaine gloire comme ça. J'abdique. Je quitte le théâtre.

On n'en revenait pas : Elleviou, l'idole des Parisiens et surtout des Parisiennes, se dérober si soudainement à l'enthousiasme de ses contemporains !

Léon Gozlan a écrit, du reste, là-dessus une charmante Étude, sous ce titre : *Un homme plus grand que Charles-Quint.*

Évidemment l'éminent Elleviou était plus grand que cet empereur vieilli, lequel abdiqua un sceptre que sa main n'avait plus la force de tenir et qui s'en alla finir ses jours au couvent de Saint-Just.

Le chanteur ne se réfugia pas dans une maison religieuse, mais il se fit construire un charmant ermitage sur les bords de la Marne et y vécut doucement, en cultivant son jardin, à la manière de Dioclétien et de Candide.

Petite maison, assez grande pour recevoir une demi-douzaine d'amis, et il n'en faut pas plus. Un parc très vert, entrecoupé d'arbres, de fleurs de pelouses. Entre la cour d'entrée et le jardin, une basse-cour où vivaient pêle-mêle, coqs, poules, oies, dindons, faisans, canards, plus deux jolis petits cochons de Siam.

L'ancien chanteur, qui jouait si bien le *Rossignol* de M. Etienne, donnait de ses mains à manger à tous ces oiseaux-là, les deux petits cochons d'Inde compris.

En sage, l'homme se disait, du matin au soir :

— J'ai une famille qui m'aime ; — j'ai un abri où je dors, loin des bruits de la ville et des coulisses ; — j'ai des arbres dont l'ombre et le murmure sont à moi ; — j'ai de quoi faire, presque en toute saison, un bouquet qui me rappelle ma promenade du matin.

Et il ajoutait :

— Moyennant cela et quelques livres de choix, est-ce que je ne suis pas l'homme le plus heureux de France ?

Elleviou était, sans s'en douter, l'homme le plus heureux des cinq parties du monde.

Il vivait donc là, dans le silence, sans gloire.

Paris disait de temps en temps :

— Ah ça, qu'est donc devenu Elleviou ? Où donc est Elleviou ?

L'écho ne répondait même pas.

Nul n'aurait pu dire ce qu'était devenu le séduisant chanteur.

Paris oublie vite.

On parla un peu de ce fugitif de la vie d'artiste, puis on n'en parla plus, puis on crut qu'il avait cessé d'exister.

Point du tout, Elleviou, rose et vert, existait encore.

Un jour, sur la fin du règne de Louis-Philippe, il revint un moment à Paris, mais un moment seulement.

Il alla lui-même renouveler son abonnement au *Charivari*, mais voyez la bizarrerie des choses ! En redescendant l'escalier, rue du Croissant, Elleviou, le brillant chanteur, trébucha sur une marche, tomba et se tua.

L'apoplexie l'avait foudroyé, en dix secondes.

Ce décès fit naturellement grand bruit. Tous les biographes s'emparèrent de l'événement, ainsi que c'était leur droit.

— Heureux Elleviou ! Point de médecins, ni de pharmaciens, ni de prêtres, ni de parents !

Il en résulta une sorte de renaissance pour le nom de l'artiste.

Eh bien, ce n'était pas tout.

Elleviou était le maire d'une charmante petite commune rurale, une localité obscure au point d'être inconnue.

Savez-vous ce qui arriva?

C'est que ses administrés, non moins enthousiastes que les anciens habitués de l'Opéra-Comique, voulurent lui rendre hommage à leur tour.

Il se cotisèrent donc et dirent :

— Nous élèverons à nos frais une chapelle qui servira de tombe à ses os.

Et c'est, en effet, ce qui a eu lieu.

Mais le plus bizarre, c'est la pensée du peintre chargé des travaux.

Le Raphaël de village a imaginé de peindre sur les vitraux de cette chapelle, et sous les traits de saint Pierre, Elleviou lui-même, qui ne s'attendait pas à être un jour canonisé.

Supposer que le brillant hussard du premier empire, le joyeux interprète de *Trente-et-qua-*

1.

rante et de *Maison à vendre*, puisse paraître sous les traits d'un si grand saint, c'est pousser un peu loin les fictions de l'art, mais le peintre a eu une bonne réponse.

— Elleviou chantait si bien qu'il a mérité d'être parmi les bienheureux.

II

UN SAVETIER

Épisode de la vie d'Odry.

Il existe, vous le savez, une Société des artistes dramatiques. Hommes et femmes, tout ce qui vivifie le théâtre national figure dans cette association fraternelle. Grâce à ce groupement d'intérêts trop longtemps disséminés, bien des misères intéressantes sont soulagées ou supprimées. Une caisse, déjà bien garnie, sert de lien à cette famille de comédiens qui ont trop à faire pour songer à être prévoyants ou ordonnés. Si un grand tragédien vieilli se trouve tout à coup sans pain, la Société accourt à son aide et lui en donne. Quand une actrice, hier fêtée parce qu'elle était encore belle, a fini son temps et qu'elle n'a point d'abri, on lui en offre un.

Voilà qui est pour le mieux; néanmoins ce n'est pas de cette philanthropique fondation que je voulais vous parler; du moins en tant qu'établissement de bienfaisance. Mon thème était tout autre. Je ne veux que vous dire deux mots du point de départ des artistes et accessoirement de la vocation.

* *

Y a-t-il encore des vocations dans nos temps de prose et de calcul? Les habitués d'orchestre prétendent que non. De là une déchéance si marquée dans tous les arts. Alphonse Karr affirme que si l'on pendait (on ne pend plus, on guillotine) une dizaine de mauvais comédiens, chaque année, nous n'en aurions bientôt plus que d'excellents, les bons seuls ayant l'audace de se présenter. Est-ce bien vrai? Un autre observateur très sagace, Léon Gozlan, était d'une autre opinion.

— Si vous voulez faire reverdir le personnel de l'art théâtral, rameau trop desséché, vous n'avez qu'un moyen: c'est de recruter les nouveaux sujets parmi les gens du peuple.

Eh! mon Dieu! prendre les recrues dans la foule, les théâtres ne font pas autre chose depuis quatre-vingts ans.

Pour se convaincre de la réalité de ce fait, il

suffit de jeter un rapide coup d'œil sur la liste de membres composant la Société des artistes dramatiques.

Nous ne sommes plus à l'époque de Grano de Bergerac, où ceux qui montaient sur les planches étaient ou se disaient tous de souche aristocratique. Dans ce grand nombre de sociétaires, il y a même peu de descendants d'artistes, presque pas d'*enfants de la balle*, comme on dit. Les trois quarts sont d'une source encore plus humble ; presque tous viennent des usines, quelques-uns des ateliers, quelques autres d'une boutique en plein vent.

Qu'importe l'origine, pourvu que le talent y soit ?

Notez que cette observation doit être faite pour les plus célèbres : Bocage, qui a eu une si grande influence sur le mouvement littéraire de 1830, avait commencé par être ouvrier tisseur ; Frédérick Lemaître a été quelque chose comme apprenti ébéniste ; Arnal raconte lui-même, dans des vers assez bien tournés, qu'il a été boutonnier. Z***, si souvent applaudi sur une de nos scènes les plus brillantes, étant enfant, vendait des tartelettes aux passants comme le premier Mentschikoff, lequel est devenu prince, père d'une lignée de princes.

Le plus curieux point de départ, peut-être, a été celui de l'un des acteurs les plus populaires, il y a trente-cinq ans; c'est nommer celui qui réjouissait tout Paris quand il jouait l'*Ours et le Pacha*, ou bien les *Saltimbanques*.

C'était là, du reste, un des souvenirs que le père Du Mersan, le joyeux auteur du *Coin de rue*, aimait à raconter.

Venu à Paris sur la fin du Consulat, ce futur auteur s'occupait d'abord de numismatique; ce n'était qu'à ses moments perdus qu'il lui était permis de penser au théâtre. Se faire jouer n'est pas très facile aujourd'hui; en ce temps-là, à ce qu'il paraît, c'était la mer à boire. Il n'y avait que vingt-cinq auteurs connus, mais ces vingt-cinq garnissaient toutes les scènes sans permettre à un débutant d'approcher.

Cependant, un jour, en flânant sur le boulevard du Temple, le jeune homme aperçut une pauvre petite maison enfumée et sans relief d'aucune espèce; on y voyait un écriteau, modeste comme elle : *Théâtre sans prétention*, titre encourageant pour un inconnu. L'enseigne ne mentait pas. Ce théâtre n'avait la prétention ni de payer chèrement de grands artistes, ni d'enrichir des auteurs célèbres, ni d'attirer l'élite du beau monde. Les places de première loge étaient de douze sous, et le parterre de vingt centimes. Tranchons le mot, c'était un *boui-boui*.

— Voilà mon affaire, se dit le débutant.

Et il alla y porter son premier manuscrit : *La Ravaudeuse de bas.*

A huit jours de là, le directeur lui dit :

— Je prends votre pièce. Venez à la représentation de ce soir ; vous verrez jouer mon monde, et, après le spectacle, nous ferons la distribution des rôles de l'ouvrage.

*
* *

Les choses arrivèrent comme elles avaient été convenues.

Quand le rideau fut retombé, Du Mersan alla chez le directeur. Là, les premiers sujets de la troupe furent choisis pour les divers personnages de la pièce ; puis, comme il restait un rôle de peu d'importance, l'*impresario* reprit :

— Ne vous inquiétez pas de celui-là ; nous le donnerons au savetier.

Qu'était-ce que le savetier ? Probablement un type comme le Financier ou le Matamore ?

Trois jours après, quand le jeune auteur se présenta à la répétition, le directeur demanda au régisseur :

— Tous nos acteurs sont-ils là ?

— Il ne manque que le savetier.

— Eh bien, appelez-le.

Aussitôt, l'employé, s'en allant ouvrir une fenêtre derrière le fond de la toile, fit entendre une espèce de cri comme celui que poussent les badigeonneurs quand ils peinturlurent les maisons.

— Hiiiiiiiïii ! Psst !...

Bientôt Du Mersan vit sortir d'une échoppe située en face de la fenêtre, dans la rue des Fossés-du-Temple, un savetier, non déguisé.. mais véritable.

Posant sur son établi un ancien soulier auquel il était en train d'ajuster un béquet, l'homme traversa la rue, entra lestement par la petite porte des acteurs et arriva sur le théâtre.

Il n'avait même pas pris la peine de passer une veste et d'ôter son tablier de cuir.

— Ah ! te voilà, *gniaf!* lui dirent les autres.

— Oui, cabotins, mes camarades, répondit-il ; c'est bien moi.

— Il paraît que tu as un rôle dans une nouveauté, la *Ravaudeuse de bas*.

— Tiens, c'est presque de ma partie, ça.

.*.

En voyant le nouveau venu, en l'entendant parler, le débutant ne put dissimuler sa surprise.

— Comment ! dit-il, c'est donc réellement un savetier qui jouera le rôle?

— Oui, répondit sans façon le directeur, mais

que ça ne vous effraie pas ; il connaît son affaire ; voilà déjà six mois qu'il fait partie de ma troupe en qualité de surnuméraire. En attendant d'avoir des appointements, comme il faut vivre, il continue dans la journée son métier de restaurateur de chaussures. Ah ! il a le feu sacré, il étudie en raccommodant les souliers de ses pratiques. C'est un garçon qui a d'ailleurs un nez prodigieux, taillé en bouchon de carafe. Je suis sûr que ce nez l'aidera à faire son chemin. Il joue ce soir. Jugez-le. Vous verrez qu'*il a du chien dans le ventre*.

Ce savetier était un jeune garçon de dix-huit à vingt ans, plaisamment tourné et doué d'un de ces visages dont le seul aspect provoque l'hilarité. Et puis, ce diable de nez ! Du Mersan se disait :

— Il y a une destinée d'artiste dans ce nez-là !

.*.

Il ne se trompait pas.

Le savetier n'était autre qu'Odry, d'homérique mémoire.

Qui n'a pas vu Odry aux Variétés n'a rien vu.

Que de succès ! Le *Compagnon du devoir*, la *Chanson des bons gendarmes*, le *Chevreuil*, *Tony ou le canard accusateur*, l'*Ours et le Pacha*, les *Saltimbanques*, que de comédies sans pareilles !

Et tout cela était, un jour, sorti d'une échoppe !
Talma était morose, un jour.

— Qu'avez-vous donc ? lui demandait Ligier.

— Mon cher, je suis jaloux d'Odry.

Pour en revenir à la vocation, hélas ! on la cultive. La Société des artistes dramatiques paraît favoriser ce mouvement. — D'où le mot du vieux F...

— On commence à voir des dynasties de comédiens comme il y a des dynasties de gens de lettres et de peintres. Mauvaise chose pour le théâtre ! Mauvaise chose pour l'art !

III

LES DEUX CENTENAIRES

Le grand Potier.

Il y a longtemps, bien longtemps, vers 1840, je crois, à l'époque où je faisais des comptes rendus de théâtre pour l'*Entr'acte* et pour le *Corsaire*, le hasard me fit me rencontrer avec un acteur encore jeune, ni trop bon ni trop mauvais, mais qui était le fils du comédien le plus populaire de ce siècle. Je veux parler de Charles Potier. Celui-là a joué dans un très grand nombre de pièces de petits rôles modestes. On se rappelle surtout une très jolie comédie de Dennery et de Grangé, *Amour et Amourette*, où il se montrait auprès de mademoiselle Judith, alors fort jeune et excessivement jolie. Chose peu commune il y a quarante ans, l'ouvrage fut joué cent fois de suite, ce qui était un événement.

Étant un acteur de troisième ordre, Charles Potier se piquait d'être aussi littérateur. Le catalogue Solesme vous apprendra qu'il a fait jouer dix ou quinze saynètes sur les petits théâtres, mais ce n'était pas tout ce qu'il écrivait. Parfois, quand il avait un peu de loisir, ce qui était rare, il prenait plaisir à jeter du noir sur du blanc. — Que faites-vous donc là, Charles? lui demandait-on. — Les *Mémoires* de mon père, répondait-il. — Les *Mémoires de Potier !* Et qu'est-ce que le bonhomme aurait donc pu avoir à conter au public en dehors de son rôle des *Petites Danaïdes* ou de son succès dans le *Bourgmestre de Saardam ?* Potier n'avait presque pas vécu en dehors du théâtre. Pourtant, à entendre son fils, il y avait eu, dans le courant de cette existence d'artiste, une vingtaine de traits assez instructifs ou assez piquants pour qu'on songeât à les mettre dans un livre.

Dans ces mêmes temps, on m'avait confié la rédaction en chef d'une petite Revue du dimanche, sorte de Magazine, uniquement composée de petites Nouvelles, d'Esquisses de mœurs, d'Épigrammes et de Souvenirs (on dirait aujourd'hui de Racontars). Charles Potier m'apportait de temps en temps quelques articles.

— Eh bien donc, lui dis-je, un jour, faites une chose; tronçonnez pour nous les Mémoires de votre père. — Bonne idée, répondit-il. — Et, à dater de ce jour-là, la Revue en question publia des épisodes se rapportant à la vie du grand comédien.

Il y a quarante ans, un journal littéraire avait toujours peine à vivre, même en usant d'une héroïque parcimonie. Le Magazine dut disparaître assez vite et, suivant ce qui arrive en pareil cas, tous ceux qui se trouvaient là s'éparpillèrent, dès le lendemain, sur le pavé de Paris, afin de chercher fortune ailleurs. Charles Potier resta, bien entendu, au petit théâtre où il jouait ses joyeux rôles et c'est là qu'il est mort.

Mais que vous dire? Dans l'un de mes cartons était demeuré un de ses Manuscrits ou, si vous l'aimez mieux, un de ses Souvenirs. Qu'en faire? Le brûler? Je ne l'ai pas osé. Je ne l'ai pas voulu. Après quarante-quatre ans, l'occasion se présente de publier le récit, et cette même occasion je la saisis aux cheveux. Ces pages d'un autre, que je mêle à l'un de mes livres, j'espère qu'on ne me blâmera pas de les publier, d'abord parce qu'elles touchent par un côté à l'histoire de ce siècle, et secondement, parce qu'elles se rapportent aux hommes et aux choses du théâtre.

Ainsi le lecteur n'oubliera pas que, dans ce qui suit, c'est Charles Potier, le fils du grand Potier, qui a la parole.

« Mon père eut une carrière brillante, malgré les grandes difficultés qu'il rencontra, d'abord, et qui faillirent cent fois le rebuter. Heureusement il n'en fut rien, pour l'honneur du théâtre, pour celui de son nom et de sa fortune. Il lutta victorieusement contre les cabales des envieux et des ignorants ; il eut beaucoup à faire, mais il en vint à bout.

» En 1826, Potier joua au théâtre de la Porte-Saint-Martin une pièce de circonstance pour la fête de Charles X. Cette pièce avait pour titre : *Les Invalides*. L'administrateur, en montant ce petit ouvrage, n'avait vu qu'un succès éphémère mort avec la circonstance. Loin de là, Potier y mit bon ordre, car dans cette bluette il fit la création la plus inconcevable, la plus miraculeuse, celle du *Centenaire ;* jamais théâtre secondaire n'avait eu à citer, dans ses fastes, une semblable tradition. Talma disait que ce trophée de Potier l'empêchait de dormir. C'était réellement bien beau, cette tête vieille sans caricature, ce corps courbé et grêle, ces jambes vacillantes et ployées, ces yeux éteints, cet organe qui semblait s'échapper avec peine de sa poitrine. En un mot, c'était un rôle complet. Cette épithète est, selon moi, le plus grand éloge qu'il soit possible d'en faire.

» Tout Paris voulut voir les *Invalides*. Ce vaudeville ayant survécu à la circonstance, on en avait élagué tout ce qui pouvait y avoir quelques rapports. Une loge d'honneur était réservée aux vrais invalides qui assistaient dix par dix aux représentations de ce petit ouvrage, si intéressant pour eux. Quelle fête pour ces bons vieux militaires ! On vit deux manchots qui, ne sachant comment exprimer leur admiration, s'arrangèrent ensemble pour faire, avec les deux mains qui leur restaient, l'office d'un excellent claqueur. Le centenaire véritable, âgé de cent quatorze ans, que Potier retraçait si bien, voulut absolument se voir sur le théâtre. On le transporta, avec les plus grandes précautions, à la première place de la loge d'honneur. Ce fut une grande solennité. La salle, remplie de spectateurs jusqu'aux corridors, partageait sa vénération entre l'imitation et la réalité, entre le vieux soldat et le comédien extraordinaire.

» Après la pièce, le bon vieillard, les larmes aux yeux, voulut absolument qu'on lui amenât son confrère, sa partie double, son Ménechme. Le public encombrait le foyer. Cependant on forma une haie, et Potier, grimé et toujours vêtu en centenaire, fut présenté à son original. Ce spectacle touchant provoqua des tonnerres d'applaudissements. On fit asseoir les deux vieillards, dont l'un avait cinquante-huit ans. On leur servit une bouteille de vieux Bordeaux, et les voilà trinquant, causant du temps passé, se rappelant leurs campagnes, oui leurs campagnes, car Potier aussi avait été militaire. Les deux braves se comprirent facilement. On parla du maréchal de *Sasque* (Saxe), ainsi nommé par le vieux soldat, et puis ils se reconnurent. Le vrai centenaire, qui avait conservé toute sa mémoire, surtout en ce qui concernait son régiment, se souvint d'avoir été le sergent-major du faux centenaire. Ils avaient combattu ensemble sous les mêmes drapeaux, l'un comme conscrit et l'autre comme vieux troupier. La situation devint de plus en plus intéressante ; ils finirent par se presser dans les bras l'un de l'autre, au milieu des bravos redoublés des assistants.

» L'heure de se séparer étant arrivée, le vrai centenaire dit à Potier, avec un accent qu'on ne saurait rendre : *Vous êtes heureux, vous, monsieur ! Dès que vous vous serez lavé le visage, et que vous aurez enlevé le rouge et le noir qui le couvrent, vos rides disparaîtront, et vous redeviendrez jeune, mais moi,* s'écria-t-il d'un ton douloureux, *qui me rendra mon jeune âge ? Je serai toujours le vieillard centenaire !* Ces paroles émurent vivement tous les témoins de la scène. On prodigua de nouveau au vieux brave les soins les plus affectueux. Comme il était tard, on voulut lui préparer au théâtre, un lit et un excellent souper, mais il ne put se résoudre à découcher. Il fallut absolument le reconduire à l'Hôtel des Invalides, au milieu de ses compagnons d'armes.»

Ce récit est fait avec infiniment de naïveté, mais que de sincérité il y a là-dedans! Est-ce qu'on trouverait mieux dans Tallemant des Réaux et dans Bachaumont?

IV

LES ACTEURS DANS LA RUE

Voilà un des grands plaisirs du peuple de Paris : voir les célébrités du théâtre passer dans la rue, sans déguisement, comme tout le monde. On objectera qu'il n'est rien de plus puéril. Vous direz que, le rideau baissé, aussitôt que la pièce est finie, quand le costume du rôle a été remis au clou et qu'on a effacé le fard, il faut de toute nécessité que l'acteur reprenne la forme vulgaire de tous les autres citoyens. Vous chanterez tout ce qu'il vous plaira à l'effet de faire comprendre qu'il n'y a plus à lorgner, ni à siffler, ni à applaudir : le Parisien n'en regardera pas moins ce fait pour une rallonge au spectacle.

— Tiens, voilà Got qui passe ! Pourquoi a-t-il l'air si sérieux ? Ah ! le farceur !

Got est un homme des plus honorables. On l'a

tenu pendant trente ans, on le tient encore pour un artiste d'un grand talent. Il a été nommé chevalier de la Légion d'honneur pour avoir professé au Conservatoire.

Les vrais gens du monde prennent plaisir à se croiser avec lui ; on est très heureux de le prévenir pour faire l'échange d'un salut. Pour le Parisien pur sang, badaud de père en fils, depuis Panurge jusqu'à nos jours, c'est bien cela, si vous voulez, mais c'est aussi mille autres choses. Ce type du boulevardier, éventé et bête, n'entend pas qu'un artiste soit seulement préoccupé de sa fonction sur les planches et qu'il ne se révèle que comme citoyen en ville. Il exige qu'il soit comédien partout.

À la Comédie Française, Got l'amuse énormément par sa verve et par le jeu de ses gestes. Pourquoi donc est-ce tout différent dans la rue ? Comment ! l'excellent acteur le frôle en passant, et il a une figure grave ? Cela dérange toutes ses idées, Got qui rêve, qui médite ou qui réfléchit !

— Ah ! le farceur ! s'écrie-t-il.

Et le soir, chez lui, il raconte cet épisode à sa famille :

— Figurez-vous que j'ai rencontré Got (des Français) sur le boulevard Montmartre, près du marchand de petits pâtés de Frascati. Il était d'une gravité sans pareille. On l'aurait pris pour un membre de l'Académie des sciences, section du Bureau des longitudes. Ah ! le farceur !

On a beaucoup parlé des inconvénients de la célébrité.

Qui est plus célèbre qu'un comédien arrivé, jouant, tous les soirs, devant trois mille spectateurs qui ne sont jamais les mêmes ? De cet homme en vue on n'ignore rien, ni son visage, ni sa manière d'être, ni sa voix. Le public tout entier connaît jusqu'à ses tics, et les retient précieusement dans sa mémoire. Aussi, le jeune premier ou le comique, n'importe lequel, ne peut-il faire un pas que le Parisien à l'œil ahuri ne signale sa présence.

— Eh bien, voilà qui est particulier, par exemple, Berton (du Vaudeville) qui vient d'entrer, rue Geoffroy-Marie, n° 3, vous savez, dans la maison où il y a un bureau de Mont-de-Piété ! Est-ce qu'il aurait besoin de mettre sa montre au clou ?

Il est bien entendu qu'un acteur n'a pas le droit d'entrer ni de sortir d'une maison quelconque sans que cent bélîtres ne fassent là-dessus des commentaires plus saugrenus les uns que les autres.

Où la question devient curieuse à examiner, c'est dans l'après-midi, sur la ligne des boulevards, depuis la Chaussée-d'Antin jusqu'au Cirque d'hiver. Dix théâtres, et de premier ordre, sont rangés à gauche et à droite de ce long ruban d'asphalte. C'est vous dire que comédiens et chanteurs des deux sexes vont seul à seul ou par petits groupes à la répétition ou qu'ils en reviennent.

Dire tous les regards obliques par lesquels ils sont visés ne serait pas chose possible. De vingt-cinq pas en vingt-cinq pas, il se fait au milieu de la foule un mouvement de vif remous comme cela se fait en pleine mer au moment de la marée montante. Saint-Germain en veston bleu, le joyeux Berthelier en pardessus, Léonce, si long, si maigre, si étrange, en habit à queue de sifflet, est-ce qu'il n'y a pas là de quoi s'arrêter court ?

Quand le remous se produit sur le boulevard de Gand, entre la rue Drouot et le perron de Tortoni, on est dans la capitale de la capitale. Alors, le coulissier de la petite Bourse, stupéfait de surprise, s'embrouille dans ses chiffres ; le fumeur de cigares oublie de secouer les cendres de son tabac brûlé, le passant ne passe plus.

Il y a une vingtaine d'années, Arnal, quoique âgé, était encore vert. D'un pied alerte, il s'en allait de chez lui à la place de la Bourse, où était alors le Vaudeville, son théâtre. Il nous a raconté que, chemin faisant, il avait vu cent fois des amas de flâneurs se jeter sur lui de manière

2.

à lui barrer le passage. Au fond, ce n'était pas autre chose qu'un vrai sentiment de curiosité.

— Il a des lunettes bleues ! disait toujours une voix.

— Pourquoi bleues ? Pourquoi pas blanches ou vertes ? disait invariablement un autre.

— Fantaisie d'artiste. Ils sont tous toqués ! reprenait un troisième.

Un jour, Arnal n'y put tenir et s'écria :

— Pourquoi j'ai des lunettes bleues ? Parce que la Faculté de médecine me l'ordonne, et aussi parce que cette couleur m'empêche de voir trop en noir les imbéciles que je rencontre.

Bocage, le grand Bocage, si fatal dans *Antony*, si superbe dans le Buridan de la *Tour de Nesle*, si chevaleresque dans l'Albuquerque d'*Échec et Mat*, Bocage, un des fiers représentants de l'art dramatique, ne prenait pas non plus du bon côté cet appétit des Parisiens, toujours prêts à se jeter dans les jambes d'un artiste en réputation.

Homme de 1830, il faisait profession d'aimer le peuple, politiquement, j'allais dire platoniquement parlant ; mais il fallait que les masses n'entravassent pas sa marche pendant la promenade. On n'a pas oublié un trait de sa vie professionnelle à la Porte-Saint-Martin.

Un soir, dans un drame d'Émile Souvestre, l'orchestre murmurait ; Bocage, s'écartant de son rôle, s'avança vivement sur le devant de la scène et dit :

— Est-ce à l'homme politique ou à l'artiste que vous en voulez ?

Dans la rue, il montrait la même susceptibilité.

— Est-ce que je n'ai pas le droit de circuler comme tous les autres citoyens? disait-il en faisant tourner son lorgnon, suspendu à un long fil de caoutchouc.

Quant à Frédérick Lemaître, notre Kean, le Talma des boulevards, il ne cherchait pas midi à quatorze heures.

Un jour qu'il sortait d'un cabaret élégant, où il avait vidé une bouteille de beaune première, comme dix ou douze oisifs l'entouraient, il les regarda bien posément dans les yeux, en s'écriant :

— Les jolis mufles !

En ce qui concerne les actrices, il y aurait à écrire un chapitre à part.

Pour ces dames, surtout quand elles sont jeunes et jolies, il n'y a pas que de la curiosité. La galanterie s'en mêle, et parfois aussi l'amour. On les suit. Les bouquets les bombardent. On les assomme de billets doux, de lettres, de protestations de tout genre. Une actrice ! Morceau friand pour les étrangers et pour les collégiens en vacances. Léontine Fay avait reçu cinquante épîtres de cinquante Werthers différents qui lui disaient : « Si vous ne cédez pas, je me tuerai pour vous. »

Mademoiselle Déjazet montrait une malle pleine de vers écrits à la plume et au crayon par tout un peuple de rimailleurs. Il y avait là-dedans beaucoup de rhétoriciens.

Un jour, dans les galeries du Palais-Royal, elle en arrêta un par l'oreille droite et lui dit :

— Si vous continuez à m'envoyer des alexandrins, je vous reconduirai chez votre maman, monsieur.

L'acteur de Paris le plus répandu en plein air est Hyacinthe.

Habitant des Batignolles, il y a quarante ans qu'on le voit, à peu près tous les jours, coiffé d'un énorme chapeau d'Auvergnat, toujours orné de son nez de Titan, un panier sous le bras, allant faire son marché en personne.

Tout le quartier le salue. Toutes les commères lui parlent. A ceux ou à celles qui l'interrogent sur sa manie de faire la ménagère, le joyeux comédien répond :

— Vu que je passe pour avoir bon nez, j'ai voulu moi-même faire danser l'anse du panier chez moi-même.

Pendant le siège de Paris, tous les acteurs en état de porter les armes s'étaient enrôlés dans des bataillons de marche. Tous se sont bien battus. L'un d'eux, le jeune Séveste, de la Comédie Française, est mort héroïquement à la suite d'une sortie. De ces artistes toute la population parisienne a dit alors :

— Ils ont su faire aussi très belle figure sur le théâtre de la guerre.

V

LES DROITS D'AUTEUR

Mars, 1884.

Ces jours-ci, la Société des auteurs dramatiques a publié le n° 22 du Bulletin qu'elle a contracté l'habitude de distribuer, tous les deux mois, à chacun de ses membres. A première vue, ce cahier ressemble à tous les recueils sans dessin et sans style qu'on est dans l'usage de jeter aux vieux papiers. A quoi bon conserver tant de chiffons inutiles ? Les journaux d'hier, les romans dont on nous poursuit, les brochures qui obstruent l'air ambiant ? Qu'on en allume le feu, l'hiver ! Qu'on permette, l'été, à la servante de les vendre à son bénéfice, chez le marchand de saucisses !

Pour sûr, voilà ce qu'aura dit plus d'un de nos sept cent cinquante confrères. Mais que voulez-vous que j'y fasse ? A force de vivre à Lilliput, c'est-à-dire au milieu des petits hommes et des petites choses du monde littéraire, j'ai fini par m'attacher aux riens. Ces trente pages, toutes bourrées de chiffres, m'ont attiré presque malgré moi. En les feuilletant une à une, j'y ai vu un travail de fourmis, mais un grand travail. Le budget des droits d'auteur s'y trouve merveilleusement détaillé suivant toutes les zones de la France et de l'étranger. Il est même douteux que le bilan du Trésor public soit plus correctement dressé. Qui aurait cru, que, parmi ceux qui charpentent le drame ou qui gazouillent l'opérette, il y eût de si bons comptables ?

Rien de plus consolant, après tout, qu'un petit voyage à travers ces innombrables totaux. Il en résulte au moins une vérité : c'est que l'art d'éclairer les masses en les amusant au théâtre est devenu, à la longue, une profession aussi sérieuse que le notariat, souvent même plus lucrative. Il est décidément bien passé le temps où le génie ne vivait que de tolérance ou d'une aumône royale. Aujourd'hui Jean Racine n'aurait plus à se courber devant Louis XIV pour dire : « Sire, un peu de bouillon pour le grand Corneille. » L'auteur de *Phèdre* prendrait sous le bras l'auteur des *Horaces*. Tout en lui offrant de griller un cigare, il l'emmènerait rue Hippolyte-Lebas à un entresol percé de petites fenêtres, à l'agence. Là, un petit monsieur, qui a parfois un porte-plume derrière l'oreille, demanderait trois minutes au plus au vieux poète pour libeller un reçu ; Pierre Corneille y mettrait sa vénérable griffe, et une main de caissier lui tendrait, en papier ou en or, le loyer de ses beaux vers.

Est-ce que ce système ne vaut pas cent fois la dédaigneuse pension de mille livres que recevait le bonhomme par le canal d'un commis de Colbert ?

En y réfléchissant avec un peu de sang-froid, on voit qu'il n'a pas fallu moins de deux cent cinquante ans pour amener le droit d'auteur au point où il en est de nos jours. Tout le long de cet ancien régime, que tant d'ignorants bélîtres font mine de regretter, il était convenu que le talent d'un écrivain de théâtre ne devait tout au plus lui rapporter que de quoi acheter des culottes. Si l'on voulait s'en donner la peine, il y aurait à exhiber à ce sujet une charretée d'anecdotes, toutes fort plaisantes comme celles qui concernent les meurt-de-faim, lisez les bohèmes. Je ne m'arrêterai à aucun de ces traits, pas même à l'aventure de Dufresny, ce spirituel bâtard d'un prince, qui, n'ayant pas de quoi payer sa blanchisseuse, prit le parti de l'épouser, afin d'éteindre la dette. Nous avons hâte d'arriver au moment où un grand écrivain dramatique, grand homme d'affaires par-dessus le marché, changea tout à coup la face des choses ; Beaumarchais ne voulait pas que ceux-là fussent exposés plus longtemps à crever de misère qui tiraient de leur tête d'assez belles œuvres pour empêcher la foule de mourir d'ennui ou de bêtise.

Ce maître homme, au reste, était endiablé. Il avait appris la guitare aux trois filles de Louis XV. Il avait eu ces fameux procès qui nous ont permis de si bien rire de l'ancienne judicature. Il avait fait la fameuse édition de Voltaire à Kelh. Il avait vendu des fusils aux républicains des États-Unis insurgés contre l'Angleterre. Tant d'affaires le poussaient à se frotter aux gens de loi, aux gens de finance, aux gens du monde, aux gens de justice et aux gens d'Église. Et finalement, toute comparaison faite, il s'était écrié :

— Eh bien, oui, les gens de lettres valent mieux que tout ce monde-là ; mais les gens de lettres sont sans le sou. Il ne faut pas que cela dure.

A la même époque, il venait de se former une société de marchands de farine, stipulant pour la hausse des prix.

— Pardieu, se dit l'auteur du *Mariage de Figaro* avec sa verve railleuse, je ne vois pas pourquoi les fariniers de l'esprit ne formeraient pas de même bande à part, destinée à substituer la force de l'association à la faiblesse de l'isolement.

Et le lendemain, tout en riant, il convoquait ses confrères chez le Suisse, cabaret de la terrasse des Feuillants. La Société des auteurs dramatiques était créée.

Un jour, en 1843, dans les salons de Lemardelay, rue de Richelieu, nous avons entendu H. de Balzac raconter ce fait en le glorifiant. De ce Beaumarchais tant honni, le grand romancier faisait presque un demi-dieu.

— C'est lui, ajoutait-il, qui nous a appris à réclamer ce qui nous est dû; c'est lui qui est la cause première de la belle posture de tels et de tels qui n'ont même pas lu ses œuvres!

A la vérité, Beaumarchais n'était parvenu qu'à faire admettre le principe, mais c'était déjà beaucoup. Grâce à lui, il fut stipulé que tout acte rapporterait un droit chaque fois qu'on le jouerait. Cette nouveauté était en opposition avec la coutume. En effet, l'usage voulait qu'on achetât un ouvrage en bloc. L'artisan ne recevait qu'un prix, une fois payé.

Quand Sébastien Mercier eut fait jouer son drame de *Jean Hennuyer*, il s'acheta un bel habit de velours avec lequel il alla faire une visite à Voltaire, récemment revenu de Ferney.

— Ah! dit galamment le patriarche en touchant le drap du doigt, je sais ce que c'est que cette étoffe; c'est du *Jean Hennuyer*.

Effectivement le droit d'auteur avait rapporté cent écus et ces cent écus avaient servi à payer l'habit de velours.

Suivant les statuts présentés par Beaumarchais, on changea tout cela. Il y eut donc un droit particulier, un tant pour cent sur la recette du théâtre. Évidemment c'était plus conforme à la justice; mais, dans l'origine, ce n'était pas plus profitable. Pendant les orages de la Révolution, le droit n'était que de trois pour cent sur la recette. Sous le premier Empire, même chose. Paul de Kock raconte dans ses *Mémoires* qu'en 1814, au moment de la première invasion, il débutait en faisant jouer un mélodrame à l'Ambigu; on le payait alors à raison de six francs l'acte. Total : 30 francs par soirée, et ce résultat faisait des envieux.

Ce fut à fort peu de temps de là, sous la Restauration, que M. Scribe, voyant l'institution de Beaumarchais tomber, s'évertua à la relever.

Il le fit, et fort heureusement pour la littérature contemporaine et pour lui-même. Après vingt ans de guerres à outrance, on avait besoin de se remettre à respirer, à faire de l'idylle, à aimer, à vivre. Le théâtre reprit faveur. Il y eut de beaux droits à toucher. Seulement le nombre des auteurs, qui ne dépassait pas vingt-cinq, doubla, puis tripla, puis centupla. Hier, il était de 750. Demain, on ne comptera plus. Tout le monde sera auteur comme tout le monde est fumeur de cigares.

Je reviens au dernier numéro du Bulletin de la Société des auteurs dramatiques.

Les chiffres qui concernent l'exercice 1884-1885 font voir que le théâtre rivalise de plus, au point de vue de l'or, avec la Californie. Ajoutons qu'il sera bien moins vite épuisé que le pays des placers; il ne le sera même jamais tant que Paris sera debout. A nos théâtres si nombreux, aux droits de la ville, de nos provinces, de l'étranger, se joint désormais un produit qu'on ne connaissait pas chez nos pères : celui du tronçon de pièce et celui de la romance qu'on exécute dans les cafés-concerts.

Pour cette seule année, dans le seul Paris, cette branche a donné 36,134 francs 55 centimes, c'est-à-dire trois fois plus que le théâtre entier ne donnait à Paris et en France du temps de Molière.

Quant aux droits réunis de Paris, de la banlieue, des départements et de l'étranger, ils forment pour 1875 et 1876 le total de *deux millions cinq cent vingt-et-un mille cent soixante-dix francs 67 centimes*. — Tout un Pactole.

En résumant les onze dernières années, on

trouve ce total prodigieux : *vingt-et-un millions quatre cent quatre-vingt-dix mille neuf cent dix-neuf francs quarante-sept centimes.*

Étonnez-vous maintenant que dix des producteurs du théâtre aient maison à la ville et maison à la campagne, parfois même un château d'origine historique.

L'ombre de Beaumarchais doit diablement se frotter les mains en signe de contentement.

VI

COMMENT FINISSENT-ELLES?

Comment finissent les actrices? — Très curieuse question avec laquelle on pourrait aisément composer un in-folio de mille pages à deux colonnes, en petit texte, sans alinéas.

Un jour, on annonce leur début. Cela se passe à l'heure où elles sont dans leur avril, blanches, jolies, enjouées. Rien qu'en raison de ce fait, Paris est tout en l'air. Le soir venu, on court les voir. Elles paraissent sur les planches, éclairées par le soleil de la rampe. Elles déclament, elles chantent, elles causent, elles dansent, et, avant que le rideau ne se baisse, une pluie de fleurs tombe à leurs pieds. On les a applaudies à tout rompre. Le lendemain, commence pour elles une existence pleine d'enchantements. Comme le luxe leur sied bien, on leur donne un hôtel, des chevaux, une livrée, souvent une cour. La presse, celle qu'on lit le plus, les encense ou les critique, en tout cas, elle s'occupe plus d'elles que des Altesses à couronne fermée. Tout cela dure cinq ans, dix ans, trente ans, quelquefois plus. Néanmoins, un jour, ces triomphes prennent fin. Hélas! l'hiver de l'âge a neigé sur leurs têtes. Il faut prendre congé du public, si l'on ne veut pas que le public prenne congé de vous. Eh bien, qu'arrive-t-il? Où sont-elles? Que sont devenues ces Étoiles qui formaient la voie lactée du firmament parisien? Cherchez. Peut-être trouverez-vous. Pourtant il y a des chances pour que vous ne trouviez pas du premier coup.

Jadis, avant 89, quand la France était soumise aux lois d'une hiérarchie universellement acceptée et que la vie de chacun était réglée comme un papier de musique, il n'y avait à cet égard aucune surprise. De Louis XIV jusqu'aux États-généraux, si elle avait du talent comme la Champmeslé, ou si elle était séduisante comme la Camargo, tragédienne ou chanteuse, une actrice passait en fêtes les trois quarts de sa carrière. Un matin, la camériste, en faisant la toilette de sa maîtresse, signalait un cheveu blanc ou la première ride. C'en était assez pour qu'on prît un parti héroïque, celui de se retirer. A l'aide d'un placet de dix lignes, sans emphase et sans platitude, on demandait et l'on obtenait une pension. Après quoi, on s'en allait vieillir sans bruit loin des tracas de la ville, à Chelles ou à Meudon.

Ce sont les charmants *Mémoires secrets* de Bachaumont qui nous racontent ces choses-là.

Avec la Révolution française est survenue pour les grandes actrices une ère d'indépendance, soit; ces dames n'ont plus dépendu de la cour ni de l'intendant des Menus, mais les soucis d'une existence difficile ont commencé pour elles. Rappelez-vous la vieillesse de cette aimable et spirituelle Sophie Arnould dont on cite encore aujourd'hui les mots si piquants. Faute d'avoir imité la fourmi qui amasse au temps chaud pour ne manquer de rien pendant la bise, elle en était réduite à implorer la pitié des Pentarques, sous le Directoire. Et elle a fini, obscurément, dans un hospice de vieilles femmes.

Cette fin, trop fameuse, aurait dû servir de leçon pour toutes les femmes de théâtre. Mais où avez-vous vu que les faits historiques corrigent jamais personne? En ne nous attardant pas dans un passé trop lointain, prenons, si vous le voulez, les choses à dater de 1830, une grande époque d'art et de poésie.

Comment donc ont fini, s'il vous plaît, les actrices d'alors?

Tout nous fait une loi de commencer par mademoiselle Mars, celle qu'on avait surnommée Célimène, du nom de la grande coquette du *Misanthrope* qu'elle jouait avec un charme souverain. Ç'a été la femme la plus fêtée de son temps. Au Théâtre-Français, commissaires du roi, auteurs, comédiens, journalistes, public, tout le monde s'inclinait devant elle. Cela devait aller jusque passé soixante ans, mais qu'y faire ?

Le vieux Saturne des mythologues est le seul qui ait refusé de se soumettre. — « Madame, « cessez de jouer, puisque vous ne pouvez plus » vous baisser avec grâce pour ramasser votre » mouchoir, quand votre main l'a laissé tomber » comme dans les *Jeux de l'Amour et du Hasard*. » Voilà ce qu'il lui disait à l'oreille et voilà ce qu'elle ne pouvait pas entendre. Ne plus jouer ! Autant mourir. Elle mourut, en effet, peu de temps après, et elle mourut de dépit, dit-on, en apprenant qu'une belle et jeune actrice brune venait de représenter Célimène presque aussi bien qu'elle-même.

Puisque j'ai parlé de mademoiselle Mars, il faut bien citer, ne fût-ce qu'en courant, celle de ses élèves qu'elle a le plus aimée, c'est-à-dire la jolie et merveilleuse mademoiselle Doze, depuis madame Roger de Beauvoir. Les Nestors du règne de Louis-Philippe se la rappellent encore dans le petit rôle d'Abigaïl du *Verre d'eau*, son début. On n'avait jamais vu figure si rose, ni tête si blonde. Mais arrêtons-nous. Abigaïl s'est mariée à un romancier, homme d'esprit et sémillant viveur. Dès lors elle a été morte pour le théâtre. Et deux touffes de scabieuses ont été mêlées à sa couronne de myrtes et de roses.

Et mademoiselle Georges, la Marguerite de la *Tour de Nesle*, la même et opulente beauté qui, durant une nuit, avait, jadis, partagé la couche de César? Amer retour de la Fortune, celle-là, au commencement du second Empire, n'avait pas de pain à se mettre sous la dent. De temps en temps, on lui tendait quelques secours, venant du ministère de l'intérieur; et chose horrible! pour l'aider à vivre ou plutôt à mourir, on lui avait concédé le monopole d'un bureau pour les cannes et parapluies, à la porte d'un de nos musées!

Vous voyez comment elle a fini.

Alfred de Musset a composé une élégie immortelle sur la mort de la Malibran. Ah! cette fille des Espagnes qui chantait l'italien avec tant de suavité et qui avait donné une âme vibrante à la Desdémone de Shakspeare! Dis-nous donc, Muse de la dernière heure, comment celle-là a quitté le monde? — Eh! mon Dieu, très humblement aussi, glacée par un souffle de l'hiver et succombant à une fluxion de poitrine, c'est-à-dire à la plus prosaïque de toutes les affections pour une grande cantatrice.

En passant, hâtons-nous de vous conter qu'une contemporaine de cette merveille du chant, Cornélie Falcon, si touchante dans la *Juive*, a trouvé un bon moyen d'éviter ce dénouement. Ayant vu, un jour, sa voix disparaître, elle a tout à coup dit adieu à l'Opéra, est entrée dans le monde, y a changé de nom et y mène, sans qu'on soupçonne qui elle est, une existence toute bourgeoise. Comment se nomme-t-elle? Dupont? Dupuis? Duval? C'est quelque chose comme ça. — Étrange mais supérieure façon de se faire son épitaphe!

Ironie du sort! Cornélie Falcon se nomme de nos jours madame Malanson. Pauvre fauvette qui ne peut plus chanter!

Je ne veux pas m'arrêter à Mademoiselle Rachel, conduite sous les orangers de Cannes par une esquinancie, et tombant épuisée dans toute la force de l'âge et du génie. Une biographie, écrite par Jules Janin, raconte par le menu l'éclipse funèbre de cette étoile de la tragédie.

Marie Taglioni... La plus éthérée, la plus choyée des danseuses, celle que Théophile Gauthier comparait à une péri, comment a-t-elle disparu? Pour tout dire à ce sujet, il faudrait rompre le mur de la vie privée, et c'est ce que je ne veux pas faire. Contentez-vous de savoir qu'on aurait pu lui appliquer le mot de Chateaubriand sur Marie-Antoinette : « Dieu lui-même ne pourrait compter toutes les larmes que renferme l'œil d'une reine. » Elle vient pourtant de bien finir à Marseille.

Jadis, il y a quarante ans, on lorgnait beaucoup, aux Variétés, une petite actrice brune, de naissance aristocratique, qui remplissait un rôle dans les *Saltimbanques*, à côté d'Odry et de Flore. L'amour des aventures avait poussé l'aimable personne en Russie. Là, elle épousa, pour son malheur, un grand seigneur russe, un butor et un ivrogne, qui la battait comme plâtre, après boire. Dégoûtée, elle se sauva, revint en France et dit :

— Je vais donc pouvoir m'endormir du dernier sommeil dans un coin obscur des environs de Paris.

Ceux qui menaient la belle vie en 1849 et années suivantes ne peuvent avoir oublié la jolie madame Octave. C'était celle-là qui, dans *la Propriété, c'est le vol*, comédie aristophanique jouée au Vaudeville, représentait Ève, en regard d'une parodie du citoyen P. J. Proudhon (le serpent à lunettes). Où est cette tentante actrice ? Sachez donc que madame Octave, touchée de la grâce, a fui le théâtre, il y a quinze ans, et qu'elle est aujourd'hui cachée à tous les yeux, dans le Midi, sous la robe d'une carmélite.

Il y aurait encore pour le moins une centaine de traits anecdotiques à vous signaler sur cette délicate question de la fin des actrices. Par exemple, telle pauvre vieille, qui a fait les beaux jours de l'Opéra-Comique, a obtenu à grand'peine son entrée à la maison de Sainte-Périne ; telle autre, encore moins heureuse, dont les jeunes beaux d'autrefois se sont disputé les sourires, est obligée de copier de la musique pour vivre ; telle autre... mais non, en voilà assez là-dessus. C'est une petite Étude de philosophie parisienne que j'ai voulu écrire, à main courante, et non un Martyrologe de jolies femmes.

Mon Dieu ! quelle litanie, longue comme de Paris à Pontoise, j'aurais à dresser ici ! Dans ses *Confessions*, Arsène Houssaye raconte la fin tragique de Marie Garcia, une de ses maîtresses : un suicide lent. Et Amédine Luther, si jolie et si blonde, comme elle a, au contraire, passé vite ! Et Delphine Fix, devenue madame Salvador, tuée par une embolie. Les avenues du théâtre sont parsemées de roses noires.

Un dernier mot.

En général, toutes les grandes actrices d'autrefois finissaient mal ou finissaient tristement, à cause de leur imprévoyance. Il paraît que les femmes de théâtre d'à présent n'auraient pas à se faire ce reproche. Toutes, paraît-il, aiment l'argent, et toutes s'entendent à le conserver. C'était sans doute ce qui faisait dire à Léon Gozlan, il y a un quart de siècle :

« Les actrices s'en vont. Il n'y a plus sur les planches que des ménagères. »

Une autre voix, plus désolée encore que celle de l'auteur d'une *Tempête dans un verre d'eau*, s'est écriée tout récemment :

« Prenez garde ! A l'entrée du vingtième siècle, du train dont vont les choses, il n'y aura vraisemblablement plus au théâtre que des cocottes ! »

VII

L'AUTEUR D'*Hernani* SUR *Hernani*

(*Un article inédit de* Victor Hugo).

Hernani est la première œuvre dramatique de Victor Hugo; c'est aussi celui de ses drames que l'illustre poète aura le plus aimé. *Hernani* a vu le soleil de la rampe au milieu des orages et des tonnerres; on s'est battu pour lui, très réellement, pendant un long mois; on l'a sifflé avec passion, cent fois de suite; on l'a applaudi, avec ferveur, un pareil nombre de soirées. Vingt journaux l'ont houspillé, vingt autres en ont fait un chef-d'œuvre, ce qu'il est très effectivement. Il a bravé le temps, puisqu'on le joue encore après plus d'un demi-siècle. Il n'a pas eu moins de huit reprises solennelles sur le premier théâtre du monde connu et sur cent autres scènes à la suite. Il a usé, en les anoblissant, quatre générations de grands artistes, hommes et femmes. Il est devenu le thème d'un opéra italien, brodé d'une musique immortelle. Il a eu l'honneur d'une triple parodie en prose et en vers; il a servi de point de mire à la caricature et aussi à la peinture d'histoire. Il a jeté des proverbes dans la langue nationale comme le *Cid* et comme *Mérope*. Bref, il a une histoire ni plus ni moins qu'un héros qui passe à l'état de demi-dieu.

Sur la fin du second Empire, quand il fut question de lever enfin le *veto* qui pesait sur ce noble drame et de le faire reparaître sur les planches de la rue Richelieu, nous fîmes dans une Feuille littéraire d'alors un article pour saluer ce retour des beaux vers qui avaient charmé notre jeunesse. A cette occasion, Victor Hugo voulut bien nous écrire de Guernesey une lettre que nous gardons précieusement dans nos archives. « *Hernani* est bien heureux d'avoir des amis tels que vous, » nous disait l'Eschyle proscrit. Cette même parole, elle était applicable à tous les Français d'alors, et ils étaient nombreux ceux qui, pour se consoler des hontes politiques du temps, demandaient à voir renaître l'art de 1830.

Depuis lors, *Hernani*, phénix toujours renaissant, a ressuscité de nouveau sur la scène française et, cette fois, l'auteur ayant vu cesser son redoutable exil, était présent à la fête. Lui aussi a pu voir que ses beaux vers n'avaient pas vieilli. On a rappelé alors tout ce que nous venons de dire ; on a refait l'histoire de Jean d'Aragon, rival en amour de Charles-Quint ; on a tout dit, sauf un point, qui était demeuré aux trois quarts caché dans les pénombres de l'histoire : celui qui se rapporte aux tracasseries que la censure de Charles X avait suscitées à l'œuvre.

Il y avait, à ce sujet, un épisode très curieux et inconnu des jeunes générations. Victor Hugo, attaqué dans l'ombre, avait dû songer à se défendre. C'est pourquoi le poète s'était tout à coup improvisé journaliste. Il a fait un article, un seul, car un seul devait suffire pour qu'on ne songeât plus à lui barrer le chemin. Cet article, il a aujourd'hui cinquante-cinq ans de date. Le *Journal des Débats*, qui lui a donné asile, l'a fait paraître le 24 février 1830, la veille de la première représentation d'*Hernani*.

En faisant des recherches sur tout ce qui se rapporte au mouvement des idées romantiques, nous avons rencontré ces pages sur notre chemin et nous les avons recueillies avec la pensée de leur faire revoir le jour. Pourquoi, en effet, ne renaîtraient-elles pas à la manière du beau drame dont elles sont une sorte de préface ? Très certainement cette exhumation est un document en état d'intéresser tous ceux qui s'occupent d'art et de littérature. Les amis du théâtre national les retrouveront aussi avec plaisir.

C'en est assez pour que nous nous applaudissions de les avoir fait revivre.

Les voici donc, reproduites très fidèlement, d'un bout à l'autre.

HERNANI
ET LA CENSURE EN 1830

La représentation d'*Hernani* est fixée définitivement à jeudi prochain, 25 février.

Quoique la Comédie-Française ait, pour cette fois seulement, mis en stalles une partie du théâtre qui d'ordinaire n'est pas numérotée, voilà deux mois qu'il est impossible de se procurer des places pour cette soirée et la salle est louée pour plusieurs représentations.

Il transpire, du reste, sur la conduite de la censure envers le nouveau drame attribué à M. Victor Hugo, certains détails dont le public s'occupe déjà vivement. Quelques observations que nous avons prises nous mettent à même de fixer les faits et de rectifier ce que peuvent avoir d'inexact les divers récits qui circulent, soit dans les salons, soit dans les journaux.

Voici donc les faits :

Lorsqu'au mois de juillet dernier, la Comédie-Française voulut monter le premier drame que M. Victor Hugo ait destiné au théâtre, *Marion Delorme*, l'auteur demanda à M. de Martignac, alors ministre, d'être exempté de la juridiction censoriale et de n'avoir à subir d'autre examen que la censure même de M. de Martignac, faveur que le ministre, avait déjà accordée à plusieurs auteurs dramatiques.

M. Victor Hugo, si nous sommes bien informés, motiva sa demande sur ce que « les censeurs, auteurs dramatiques pour la plupart, tous pris dans les rangs des défenseurs intéressés de l'ancien régime littéraire, étaient ses adversaires, et au besoin ses ennemis naturels. Il lui importait donc que cinq ennemis avoués ne fussent, pas avant la représentation, mis au courant de sa pièce, et ne pussent en révéler d'avance des détails aux cabales, certaines ainsi de bien diriger leurs coups. »

Le ministre que menaçait déjà le 8 août, ne pût accéder à la demande du poète. Il consentit seulement à ne livrer *Marion Delorme*, qu'à un seul censeur, choisi par M. Victor Hugo dans toute la censure. Ce censeur, dans les entretiens qu'il eut à cette occasion avec l'auteur de *Marion Delorme*, lui fit, à ce qu'il paraît, un reproche presque affectueux de ses préventions contre ce qu'on nomme en police *les examinateurs dramatiques*.

« Il concevait, disait-il, tous les inconvénients, tout le danger de vers divulgués, colportés, mutilés, parodiés, avant la représentation d'un ouvrage de théâtre, mais les défiances du poète contre la censure l'entraînaient trop loin. Les examinateurs dramatiques ne sont plus des hommes de lettres. Chargés d'un rôle tout officiel, occupés seulement d'extirper les allusions politiques, ils ne savent jamais, ils ne doivent jamais savoir la couleur littéraire de l'ouvrage qu'ils censurent. Hors de l'affaire ministérielle, ils n'ont rien à voir.

« Le censeur qui, méchamment, divulguerait les détails de l'ouvrage qu'il a censuré, ne serait (et ce fut, à ce que nous croyons pouvoir affirmer, l'expression même de notre examinateur) ni moins indigne, ni moins odieux que le prêtre qui révélerait les secrets du confessionnal. »

En parlant ainsi, le censeur ne faisait que dire ce que tout le monde pense sur les devoirs de la censure; car il y a une espèce de devoir qui se mêle à ce métier, et ce devoir, c'est le silence. Ce langage eut donc rassuré de moins entêtés que M. Hugo sur le compte des choses de censure et de police. Cependant M. de la Bourdonnaye survint au ministère et *Marion Delorme* fut proscrite.

Le public ni le ministère n'ont oublié cette affaire.

Fidèle à ses travaux de conscience et d'art, M. Victor Hugo tâcha de réparer de son mieux le mal que lui faisaient les hommes du 8 août.

Il fit *Hernani*. La pièce faite et reçue, il fallut la soumettre à l'examen du pouvoir. Le poète n'avait aucune faveur à demander au ministère la Bourdonnaye. Il envoya donc simplement *Hernani* à la censure, la prenant telle qu'elle est, sans réclamations, sans précautions, mais non sans défiance. Cependant, il se rappelait sans doute les protestations du censeur de *Marion Delorme*.

Or, depuis que *Hernani* a été communiqué à la censure, voici ce qu'il advient. Les vers de ce drame, les uns à demi travestis, les autres ridiculisés tout entiers, quelques-uns cités exactement, mais artistement mêlés à des vers de fabrique, des fragments de scène, enfin plus ou moins habilement défigurés et tout barbouillés de parodie, ont été livrés à la circulation. Des portions de l'ouvrage ainsi accommodées ont reçu d'avance une demi-publicité tant redoutée à bon droit des auteurs et des théâtres. Les artisans de ces louches manœuvres ont, du reste, pris à peine le souci de se cacher. Ils ont fait la chose en plein jour et pour leurs discrètes confidences, ils ont choisi tout simplement leurs journaux. Cela ne leur a pas suffi.

Il est revenu de toutes parts à l'auteur (et il s'est même formé à cet égard une sorte de notoriété publique), que des copies frauduleuses d'*Hernani* ont été faites, que des lectures totales ou partielles, ce qui est plus perfide encore, de ce drame, ont eu lieu en maint endroit, et *notamment chez un ancien employé supérieur du ministère Corbière.*

Or, tout ceci est grave.

Sans compter que les meneurs ne s'endormiront sans doute pas, le jour de la première représentation. Il est inutile de faire ressortir l'influence que de pareilles manœuvres peuvent avoir dans le calcul de leurs auteurs sur un ouvrage dramatique dont le sort se décide en deux heures, et souvent sans appel.

Maintenant d'où peuvent venir ces menées? Sur quel manuscrit d'*Hernani* ont pu être faites ces contrefaçons avec variantes, ces copies où se mêle une parodie adroitement enlacée au drame, ces ampliations frauduleuses, ces furtives lectures? Question facile à résoudre.

Si nous sommes bien informés, il n'existe, hors de chez l'auteur, que deux manuscrits d'*Hernani;* l'un est déposé au théâtre, c'est celui sur lequel on répète tous les jours. Dès que la répétition est terminée, ce manuscrit est renfermé sous triple clef; personne au monde ne peut en avoir communication. Le secrétaire de la Comédie, auquel, dès la réception de la pièce, ont été faites les plus sérieuses recommandations, le tient secret sous la responsabilité la plus sévère. L'autre est à la censure.

Or, des contrefaçons circulant, d'où peuvent-elles venir ? Du théâtre dont elles ébranlent les espérances, dont elles ruinent les intérêts ; du théâtre où la circonspection la plus complète est observée, du théâtre où la chose est impossible ou de la censure ?

La censure a un manuscrit ; un manuscrit à sa discrétion, un manuscrit pour son bon plaisir. Elle en peut faire ce qu'elle veut ; la censure est l'ennemie politique de M. Hugo. Elle est son ennemie littéraire. La conscience publique accuse la censure.

Cependant quelques personnes de bonne volonté douteront peut-être encore ; touchées des honnêtes paroles du censeur de *Marion Delorme*, elles hésiteront peut-être à croire possibles ces faits singuliers. Elles s'obstineront à penser qu'un censeur, tout censeur qu'il peut être, considère toujours comme sacrés les ouvrages inédits qu'on lui confie de par le roi, et qu'il reculerait, quel que fût le besoin de ses haines politiques ou littéraires, à l'idée d'en publier un seul vers, d'en citer un seul mot. Eh bien ! s'il existait de la possibilité de la chose une preuve, une preuve écrite? S'il se trouvait dans les mains de l'auteur d'*Hernani* une lettre signée d'un censeur? Si dans cette lettre, qu'une générosité mal entendue peut-être l'a empêché et l'empêche encore de publier, on lisait le passage suivant: « Maintenant de quoi s'agit-il, monsieur? Que vous ont dit vos espions? Que j'ai révélé le secret de la comédie? Que j'ai cité vos vers en les trouvant ridicules? Eh bien! quand cela serait, où est mon tort? Vos ouvrages sont-ils sacrés? » Et plus bas « Quant aux vers cités, ils ne vont pas au delà de trois. » Risible excuse qui rappelle ces vieux vers du voleur pris sur le fait, dans *Jodelle* :

> Monsieur, je n'ai volé que ces trois louis d'or;
> Le reste s'est sauvé tout seul et court encor.

Si, pour plus de curiosité encore, cette étrange et naïve lettre était du même homme qui faisait, à propos de *Marion Delorme*, un si édifiant tableau de la probité du censeur, à qui pourrait-il rester un doute? Tout ne serait-il pas clair, démontré, visible, palpable? N'aurions-nous pas tous les éléments de la conviction, jusqu'au dernier, jusqu'au plus difficile à obtenir, *confitentem reum ?*

Il reste donc évident que la censure a étrangement abusé, dans un but de cabale, de la communication forcée qui lui a été faite du manuscrit d'*Hernani*. Et après tout, il en résulte sans doute un grand dommage personnel pour M. Victor Hugo, mais il est bon que les choses mauvaises donnent leurs fruits. Cela en dégoûte les gens même qui s'en accommoderaient en théorie.

Du reste, on aperçoit promptement le motif de toutes ces petites persécutions contre un poète homme d'honneur. Le ministère s'est souvenu peut-être de la pension refusée, et c'est l'auteur de *Marion Delorme* qu'on poursuit dans l'auteur d'*Hernani*. Après tout, que ce soit rancune politique ou tout simplement rancune littéraire, ou rancune politique et rancune littéraire à la fois, qu'importe? La chose est.

Faisons remarquer, en terminant, que ces manœuvres, graves à l'égard de toute œuvre dramatique, le sont bien plus encore pour *Hernani* qui soulève déjà tant de passions, tant de haine, tant d'acharnement, et risque d'être choisi comme champ de bataille pour tant de partis opposés. Certes, ici plus que jamais, la neutralité de la censure était de rigueur. Ses intrigues auront-elles porté coup? Ce qu'elle a voulu faire est-il fait? La représentation nous l'apprendra.

Disons, en attendant, que l'auteur n'a nullement cherché à esquiver le péril. *Hernani* sera joué devant un *public payant*. La recette, qui est considérable, dit-on, sera publiée le lendemain.

**

Cet article de journal n'est pas signé, mais il est assez marqué de la griffe du lion pour qu'on ne se méprenne point sur son origine. En tout cas, il a une haute portée en tant que document historique. On y voit se dérouler, sans masque ni déguisement, les mœurs littéraires qui avaient cours à Paris sur la fin du règne des Bourbons. On y voit aussi que Victor Hugo, déjà touché par le souffle des idées de liberté, figurait parmi les ennemis de la Restauration. Le type du censeur dramatique a été souvent décrit, crayonné, moqué. Jamais il n'aura été si bien mis à nu que dans cette sorte de Mémoire un peu arrangé en pamphlet. Enfin, à lire cette plainte d'un poète auquel on fait une guerre souterraine, on prévoit bien tous les orages qui ont accompagné la première apparition d'*Hernani*.

VIII

LE FLONFLON

Le Vaudeville n'est pas né d'hier. On prétend qu'il existait déjà sous François Ier. Ce serait un des nobles les plus anciens de notre France. Ne le faisons remonter, si vous voulez, qu'à l'époque où florissait Cyrano de Bergerac. Descendons encore et, à grandes enjambées, descendons de Tabarin jusqu'à Collé et à Panard. Ce qu'il y a de certain c'est qu'il a de belles pages dans ses Annales. Arrivons toujours, d'étape en étape, jusqu'à 1830. Eh bien, même à ce temps où le théâtre s'efforçait déjà de faire peau neuve, le Vaudeville a eu de beaux jours, de belles œuvres, de beaux interprètes des deux sexes, et un nombre prodigieux de belles soirées. En 1830 et années suivantes jusqu'au commencement du second Empire, il n'y avait pas de pièce sur les théâtres de genre qui ne fût assaisonnée de dix ou douze couplets et ravivée par un peu de musique. Le Flonflon régnait et gouvernait donc.

Tout à coup il y eut changement à vue. Plus de couplets ! Supprimez le Flonflon. Pourquoi ? Les Réalistes d'alors répondaient : « — Ah ! dame, » c'est que ça n'est pas vrai, dans la vie réelle, » d'accompagner un dialogue d'amour ou d'af- » faires d'un couplet de facture. » — Eh ! messieurs, qu'est-ce qu'il y a donc de vrai dans toutes les pièces que vous faites jouer ? — Les Réalistes finirent par faire adopter leurs vues. Le Flonflon fut exilé de partout. Il est vrai que l'opérette commençait à montrer le bout de son museau. L'opérette devait tuer le vaudeville et, en effet, Jacques Offenbach aidant, elle l'a tué net.

Néanmoins, un jour, il y eut quelque chose comme une velléité de réaction contre ce despotisme nouveau des farces musicales d'un Allemand de Cologne transplanté à Paris. Il faut vous dire que le vieil esprit d'Olivier Basselin se révoltait. Pourquoi non ? La Muse vêtue de grelots aspirait à renaître. Il y eut un directeur qui se prit à dire : « Ressuscitons le Vaudeville et re- » mettons le Flonflon à la mode ».

Un moment il y eut un certain mouvement de joie de la rue Montpensier jusqu'au boulevard

Poissonnière. « — Sachez la grande nouvelle. — Quoi donc? — Le Vaudeville, le vieux Vaudeville revient! — Pas possible? — Rien de plus vrai. Et avec lui, voilà le Flonflon qui reparaît. Dès lors, c'était le cas de recommander aux violons de recommencer leur ritournelle :

>   Réveillez-vous, belle endormie !

Cela se passait sous Napoléon III. « — Est-ce
» qu'ils ne parlent pas de la Liberté? — deman-
» dait le préfet de police. — Non, répliquait la
» commission des censeurs; ils n'ont en vue que
» la petite comédie à couplets. — A la bonne
» heure. Eh bien, qu'ils chantent. »

>   Sans chanter peut-on vivre un jour?

— A qui appartenait l'honneur de cette résurrection?

— Comment! vous ne le savez pas? Eh! c'est M. Dormeuil, l'ancien directeur du Palais-Royal, disciple de Désaugiers, qui veut revenir aux traditions du *Dîner de Madelon*, et cela, en s'écriant avec ironie :

>   Aujourd'hui de graves chimères
>   Sablent le vin que nous buvons.
>   Hélas! c'est que nous avons
>   Plus d'esprit que nos pères!

— Mais point du tout, répliquent les autres;

4.

cette exhumation de l'élement lyrique vient naturellement du co-directeur de M. Dormeuil, c'est-à-dire de M. Duponchel, ancien directeur de l'Académie royale de musique :

> Vive mon colonel
> Et monsieur Duponchel !

Dans tous les cas, l'événement avait une importance qui ne pouvait échapper à personne. Le Flonflon ressuscité ! Revenez, marotte de la folie ; reparaissez, grelots et sarabandes ! C'est au tour des comédies où l'on pleurniche à plier leurs mouchoirs de batiste dans leur valise en peau de chagrin, et à prendre de la poudre d'escampette :

> Allez-vous-en, gens de la noce,
> Allez-vous-en, chacun chez vous.

Cependant, ne partez pas si vite ! Il faut savoir retenir le quiproquo, le nom à allusion (par exemple, M. Bellemain pour un écrivain ; M. Braillard pour un nom de ténor, etc.); il faut empêcher de sortir toutes les antiques ficelles, tous les vieux trucs !

> Restez, restez, troupe jolie !

J'ai vu des casuistes prétendre que cette réforme était comme un semis qui nous donnerait une moisson de gaieté nationale avant la fin de l'hiver d'alors (1857).

Soit.

Rions, chantons, disais-je, dansons, faisons des crêpes; tenons-nous tous par la main, et murmurons les refrains d'Armand Gouffé :

> Entrez, entrez, enfants de la folie,
> Plus on est de fous (*bis*), plus on rit!

Ceux des vaudevillistes de l'ancienne école qui s'étaient exilés aux champs ou dans la province ne devaient pas manquer d'accourir à la nouvelle d'un pareil coup d'État, je veux dire d'un si beau coup de théâtre. On assurait qu'il y en avait déjà vingt-trois à l'hôtel du Louvre, vingt-trois, plus membres du Caveau les uns que les autres :

> Qu'on est heureux de trouver en voyage
> Un bon souper et surtout un bon lit!

Au moment où la nouvelle direction, retirée dans son cabinet, trempait ses plumes dans l'encre et travaillait, trois coups résonnent à la porte, et une voix de chantonner :

> — Frère Jacques, dormez-vous!

Cette voix, c'était le Flonflon qui demandait à entrer.

— Joseph, ouvrez-lui, — dit l'un des administrateurs. Entrez ! entrez, notre ami !

Et le bonhomme apparut dans le costume d'un petit-maître de 1830, avec une redingote marron à collet de velours, un ruban de Juillet à sa boutonnière, et le toupet relevé que dessinait si bien Achille Devéria.

— Ah ! lui demanda-t-on, est-ce que vous êtes toujours vert ? Est-ce que vous nous apportez une pochade, un tableau populaire, un pot-pourri, une saynète des Porcherons, une scène de Cadet-Buteux ?

Le vieillard toussait un peu et s'écriait :

(*Air et paroles de M. Albert Montémont*).
J'ai soixante ans et je suis jeune encore !

Et les assistants, enchantés, de riposter par cette cantate d'un de leurs maîtres :

A soixante ans il ne faut pas remettre
L'instant heureux que promet le plaisir.

Combien d'autres épisodes à noter !

Ainsi, pendant une répétition, émoustillé par la musique de l'orchestre, le Flonflon, obéissant, d'ailleurs aux usages, embrassa la jeune première. Là-dessus, le second père noble de s'approcher de lui, et de lui dire en sourdine :

Vous avez embrassé ma femme !
(*Paroles de M. Scribe.*)

Les types aimables d'autrefois vont-ils donc aussi reparaître?

> Suzon sortait de son village!

L'expédition de la Chine nous donnera-t-elle des soldats laboureurs?

> Non, non, jamais, jamais,
> Je ne quitterai ma chaumière.
> L'héritage de mon père
> Pour moi vaut un palais!
> Cette chaumière-là pour moi vaut un palais!

Et le Flonflon sentimental, donc!

> Elle a trahi ses serments et sa foi.

Et le Flonflon enfantin, messieurs!

> Quand je vins au monde, ma mère
> D'un drapeau m'enveloppa;
> J'appelai, n'ayant pas de père,
> Tout le régiment mon papa!

Oh? la! la! la! que c'est donc drôle tout cet art scénique-là!

Mais n'en vaut-il pas un autre, après tout?

Jules Janin avait prévu cette rentrée triomphale du Flonflon sur la scène française. Avez-vous lu son charmant feuilleton d'avril 1857! Comme il tire son chapeau à *Cadet Roussel est bon enfant!* — comme il bat des mains au retour de : *J'ons un curé patriote!* — comme il comprend bien que nous allons entendre encore : *En avant, Fanfan la Tulipe!* et il rit ; — et au fait, il n'y a plus qu'à rire !

Le lendemain du jour de l'an, le Flonflon, ahuri par l'accroissement des voitures, rentrait tout éclaboussé dans les coulisses.

— Eh ! qu'avez-vous donc, compère? lui demandait-on. Par Momus ! vous êtes moucheté comme un léopard !

Et le bonhomme de fredonner :

— Ces postillons sont d'une maladresse !

Tout bien compté, cette renaissance pouvait avoir du bon. Il n'y avait pour source de pitié en la voyant, que les *petits crevés* d'alors, une génération de gandins élégiaques et imbéciles. Avec un peu de hardiesse, un peu de volonté, cela reprenait ; cela aurait duré. Mais point du tout : le roman noir venait en aide au théâtre noir. La joyeuse tentative a avorté. Au bout de six mois, la petite comédie à couplets baissait trop facilement pavillon devant l'opérette ; le Flonflon venait de rouvrir ses ailes pour des régions que nous ne connaissons pas.

Turlututu,
Chapeau pointu.

IX

LES GENS DE THÉATRE

HISTOIRE DE DEUX POTS

Une histoire ? Oui, sans doute, c'en est une, puisque l'authenticité du récit ne saurait être niée de personne ; mais, au fond, cela ne dépasse pas l'étendue ni la portée d'une anecdote.

Tous les Parisiens du règne de Louis-Philippe se rappellent Lepeintre jeune. Ce gros homme, si gai, si rond, si aimable à entendre, n'avait qu'à se montrer en scène pour faire rire le public aux éclats. Pendant trente années, il a joué, avec un succès qui ne s'est pas démenti une seule soirée, les rôles de ganaches, ce qu'on appelait les *pères dindons*. Sous ce rapport-là, il servait d'admirable complément à Arnal, son copin, Arnal, le sublime du ridicule et du fou-rire.

Qu'on se rappelle *Renaudin de Caen* et tant d'autres pièces comiques où les deux ont fait la paire.

Si, au théâtre, Lepeintre jeune était un comédien fort récréatif, dans la vie privée, il se montrait le plus débonnaire des hommes. Le gros acteur était de bonne heure entré en ménage.

— Pourquoi, étant si peu fait pour l'amour, lui disait son frère, as-tu pris femme?

— Pour n'avoir pas pour moi-même les petits tracas de la vie.

Et, en effet, il entendait bien ne s'occuper jamais des choses de la maison.

— Eh! pardieu, ma chère, disait-il à sa moitié, tu es majeure : arrange ton intérieur comme il te plaira.

Paroles d'un Falstaff bourgeois, absorbé tout à la fois par l'art et par l'insouciance.

La femme de Lepeintre jeune, il faut bien se décider à en parler, à la mettre en scène, puisque, après tout, elle est l'héroïne de cette aventure.

Était-elle jolie? On ne le dit pas. Agréable, spirituelle, belle causeuse? La chronique se tait là-dessus. C'était une ménagère, et une ménagère enragée, à ce qu'il paraît, avec une forte dose de penchant à la vie de bohème.

La propreté n'était pas son fort, ni l'activité

non plus, et cependant madame Lepeintre jeune était toujours en mouvement: elle avait l'air de ranger sans cesse chez elle.

— L'ange du foyer! s'écriait l'énorme comédien en souriant.

Un jour de novembre, en 183., la servante étant sortie pour faire des commissions, l'ange du foyer avait voulu que sa porte d'entrée ne fût qu'entre-bâillée, afin de n'avoir pas à se déranger, si l'on se présentait tout à coup chez elle.

Justement elle était en train de faire elle-même sa cuisine.

En ce moment, un coup de sonnette se fit entendre.

— Eh! pardieu, entrez! dit madame Lepeintre jeune d'une voix forte.

Au même instant, la porte fut poussée, et l'on aurait pu voir s'avancer d'un pas leste, comme au théâtre, une brillante visite.

Celle-là n'était autre que la jolie et étincelante Suzanne Brohan, la mère des deux Brohan, la perle du Vaudeville d'alors.

En passant, elle venait déposer sa carte et se retirer.

— Mais où êtes-vous donc, ma chère? dit-elle de sa voix argentine.

— Ici même, à la cuisine, répondit l'ange du foyer sans se déranger.

La piquante actrice entra, et vit... Pardieu ! elle vit madame Lepeintre jeune, près du foyer, qui écumait le pot-au-feu tandis qu'elle était assise, sans façon, sur son pot de chambre.....

— Ah ! ah ! ah ! s'écria l'élégante actrice en s'enfuyant. Voilà une scène que Scarron aurait mise dans le *Roman Comique !*

Dès le lendemain, l'histoire des deux pots courait tout Paris ; Henri Monnier en a fait une cariture, aujourd'hui oubliée.

X

UN MÉCÈNE

Un Mécène! Quel vieux mot classique, usé, rococo, n'ayant plus cours! On a presque honte de s'en servir.

— Va donc, Mécène! s'écrient les naturalistes en haussant les épaules de pitié.

M. le comte de Montalivet est mort, en 1880, au château de la Grange, près de Sancerre, dans le Berri. Était-ce une grande figure? Non, sans doute, mais c'était une figure. De haute taille, bien doué, beau, titré, riche, il peut passer pour le type d'une sorte de viveurs dont il fut l'alpha et Romieu l'oméga. En 1879, Bonnat a fait de lui un portrait que tout Paris a voulu voir. Hélas! le brillant sybarite du règne de Charles X ne se retrouvait plus sur cette toile que comme l'ombre de lui-même. Si l'on en excepte l'œil, qui est encore plein de lumière, les rides ont tout frappé de leur funèbre estampille. Sur la tête, sommet jadis chenu, on n'aperçoit plus que le maigre gramen de quelques cheveux blancs. Les joues ne sont pas moins émaciées que celles d'un anachorète. Quant au sourire, il est forcé : on le prendrait pour une grimace.

Pour se trouver en face du véritable Montalivet de l'histoire, il faut remonter un long cours d'années et rebrousser, par exemple, jusqu'au lendemain de 1830, dans l'origine des âges romantiques. En ce temps-là, par suite d'un charmant contraste, plus les femmes s'étudiaient à être vaporeuses, sylphides et ondines, plus les hommes s'efforçaient de montrer au regard de solides attaches. Il n'y avait que le pâle Sainte-Beuve pour soutenir la théorie de l'amour chez les poitrinaires. Achille Dévéria dessinait la tête de madame Dorval en lame de couteau ; Gavarni crayonnait Alexandre Dumas père en Hercule de boudoir. Tout cela était d'une logique des plus serrées. Le masculin et le féminin ne cherchaient jamais à empiéter l'un sur l'autre. C'est le contraire qui se voit de nos jours, où les gommeux se féminisent et où les femmes sont presque des hommes.

Placé par son rang, par ses idées, par sa fortune et par ses goûts à la tête de la jeunesse libérale, M. de Montalivet avait beau être un pair de France, par hérédité, l'homme de plaisir l'emportait chez lui sur le personnage politique. Nourri de philosophie sensualiste, allaité par la Muse forte de la vieille France, par celle de Rabelais, de Montaigne, de Molière, de Voltaire et de Piron, il n'aimait en fait de vers que ceux qui célèbrent le vin, la gaieté et les belles. Les chansons de Béranger étaient son code. Il professait pour le champagne une tendresse sérieuse et qui ne ressemblait en rien aux soupirs platoniques des jeunes gens d'aujourd'hui pour ce breuvage si français. En vain Paul-Louis Courier, trop chagrin, mêlant la politique à la cuisine, avait-il écrit contre le tubercule dont M. de Villèle se servait pour corrompre les consciences : « La truffe est le poison de la liberté », le jeune pair libéral prenait publiquement ses repas au café Périgord, où, pour obéir à l'euphonie, on ne mangeait rien qu'aux truffes, et cela ne l'empêchait pas d'aller faire, le soir, un whist chez Jacques Laffitte, entre le marquis de la Fayette et Benjamin Constant de Rebecque, ces deux patriarches de la cause qu'il servait. Or, après les propos des jeunes fous, après le souper au café, c'était un autre régal que de causer avec ces deux Nestors, lesquels étaient tout à la fois deux spirituels démocrates et deux anciens hommes de cour.

On sait le rôle qu'il a joué à la Révolution de Juillet. Louis-Philippe ressemblait à Jules César sous un rapport : il aimait les gens de belle mine. Aussi avait-il pris le jeune comte en sincère amitié, et c'était un sentiment si réel qu'il n'avait pas craint de lui confier sa liste civile, c'est-à-dire le mouvement des quatorze millions qu'il avait à dépenser chaque année. Cependant, à dater du jour où le viveur entra au palais, c'en fut fait de sa propre gaieté. Devinait-il que le roi, son maître, ne dormirait pas une seule nuit sur un oreiller de feuilles de rose ? En effet, cette sombre demeure, où apparaît le spectre de Catherine de Médicis, ne ressemblait pas mal à la tanière d'un fauve que les chasseurs sont toujours en train de traquer. Tous les jours, une mercuriale des Chambres ou une émeute du peuple. Tous les soirs, un coup de pistolet ou l'explosion d'une machine infernale. A tout moment, ces procès où l'on évoquait comme une menace l'ombre sanglante de Philippe-Égalité. Tout le long de l'année, une pluie de caricatures où la tête du souverain était ironiquement changée en poire. Par-dessus tout cela, des drames de famille où le dernier des Condé était trouvé pendu à l'espagnolette d'une fenêtre, dans son château ;

où la poétique princesse Marie succombait à la phtisie comme Élisa Mercœur ; où l'aîné de la dynastie mourait d'un accident de voiture sans avoir eu le temps de prononcer un mot. Que de transes, et comme cette vie d'alertes ressemblait peu à la somnolence épicurienne du café Périgord, cet Éden du perdreau aux truffes ! Un autre chagrin, tout domestique ! Le comte s'était marié. Il avait le louable désir de transmettre son nom à un gros garçon qui serait un joyeux casseur d'assiettes comme son père, et il ne lui venait que des filles. Il a donc eu trois filles. Toutes les trois sont fort distinguées sans doute ; mais, en raison des habitudes de la loi salique, toujours en vigueur sur notre sol, la chaîne de l'hérédité est rompue. Il n'y aura plus de Montalivet, si ce n'est par voie de substitution.

Pourtant, à dater de l'affaire Fieschi, il y a eu, sous le règne de Louis-Philippe, quelques jours alcyonides. Ayant dans sa poche la clef secrète des grands théâtres royaux, l'intendant de la liste civile profitait de ses heures de calme pour aller par moment faire de courtes visites aux coulisses, son ancien monde. C'était du temps que je parcourais les foyers. La petite chronique d'alors s'occupait naturellement de ces escapades d'un ancien beau qui tenait à sa main la corne d'abondance remplie de dragées et d'engagements. Un miel pour les belles actrices ! On a parlé alors d'un retour aux fredaines. Le comte a aimé une Célimène en vedette et fort jolie. Ne la nommons pas, puisque l'indiscrétion pourrait mêler un peu d'absinthe à l'ambroisie qu'elle déguste dans sa retraite. Il l'a aimée, et il venait tout à coup, le soir, dans le pêle-mêle des entr'actes, pendant que le jeune premier essayait ses gants jaunes et que la duègne se mettait du carmin aux lèvres. Or, une fois, il arriva et ne trouva là que Beauvallet, ce comédien de belle prestance, qui avait son franc-parler avec tout le monde, son franc-parler s'engrenant dans la grammaire de Vadé.

— Est-ce que mademoiselle P*** n'est pas ici ? demanda le pair de France.

— Non, monsieur le comte, pas pour le moment.

— Où donc est-elle ?

— Monsieur le comte, elle est sortie pour aller... où va le porte-coton du roi.

Le mot était encore plus net que celui-là, croyez-le bien.

Le mot était le mot propre, si l'on peut s'exprimer ainsi. Le mot était rude.

Ah ! Célimène !

Aimant le roi Louis-Philippe jusqu'à se faire courtisan, M. de Montalivet, ce décoré de Juillet, a, le premier, étant ministre de l'Intérieur, pour flatter le roi-citoyen, ressuscité une vieille formule des temps absolutistes. C'était la fin d'un Rapport au prince, et cela était ainsi conçu : « De » Votre Majesté le très obéissant serviteur et *sujet*. » — Signé : COMTE DE MONTALIVET. » — Quand cette formule parut, un matin, dans le *Moniteur Universel*, les pavés de la Révolution des Trois Jours avaient été à peine remis en place ; les ex-combattants, la jeunesse des Écoles, les artistes d'alors, toute une portion de la ville était déjà profondément imbue d'idées républicaines. C'est dire que l'opinion se cabra comme un cheval qui ne veut pas qu'on lui mette le mors. — « Sujet ! » sujet de Louis-Philippe d'Orléans, l'homme au » parapluie ! — Sujet vous-même, monsieur ! » — Il n'y eut pas jusqu'à Nestor Roqueplan, rédacteur en chef du *Figaro*, alors radical, qui ne lançât une vive réplique.

« — Il se dit sujet ! Naguère même il était, » dit-on, un fort *mauvais sujet*. »

M. de Montalivet, ayant fait jadis ses classes à Paris, avait sur le pavé trois ou quatre camarades de collège qui, au temps de sa grandeur, s'ingéniaient sans cesse à le compromettre ou à l'exploiter. Dans le nombre figurait un Polonais dépenaillé, mais d'un très vif esprit. Un jour celui-là demanda une audience à l'intendant de

5.

la liste civile et s'y présenta, un rouleau de papier à la main.

— Qu'est-ce que c'est que ce papier ? demanda le comte.

— Un pamphlet.

— Contre qui ?

— Contre toi, pardieu ?

— Bon ! repartit vivement le ministre en riant, je sais ce que cela veut dire.

Et il alla à une caisse où il prit un billet de cinq cents francs, qu'il donna au bohème. De son côté, ce dernier lâcha le manuscrit, salua à peine et détala. Dès qu'il fût parti, M. de Montalivet ouvrit le manuscrit; c'était un cahier blanc, en tête duquel on ne voyait que ces mots :

— *Le parti des blagueurs*, — *Le Mécène des actrices*.

Il rit, jeta ce papier au feu, en se réservant seulement le droit de raconter cette anecdote. — Mécène ! oui, mais des jolies femmes, seulement, disait-il à son entourage.

Cet ancien favori d'un roi est mort partisan de a République.

XI

LES FORÇATS LITTÉRAIRES

Voilà de cela assez longtemps, au théâtre des Variétés, un soir de première représentation, il s'était formé au foyer un groupe de causeurs. On parlait du succès qui venait d'être consacré par d'assez vifs applaudissements.

La pièce était de G***.

Qui se rappelle G*** ? — Il est mort depuis une vingtaine d'années, je crois. De son vivant, c'était un vieux routier de l'ancien théâtre, tenant naturellement pour le *vieux jeu*. Durant trente années consécutives, il a fait jouer de tout : des drames, des vaudevilles, des opéras-comiques, voire des pantomimes, — d'où il résultait un répertoire qui avait autant de valeur comme revenu qu'une grosse ferme en Normandie.

Cependant G***... n'était pas un phénix ; chacun

savait cela. On savait encore qu'il n'avait rien inventé dans l'art moderne, pas même la moindre pièce. On se montrait de ses lettres qui ne devaient jamais, on en était sûr, faire oublier la Correspondance de Voltaire. Ses lettres ! Entre autres choses, les *t* prenaient souvent la place des *s*, le style d'une carpe ou d'une vache espagnole.

Revenons à nos causeurs.

— Ah ça, demanda tout à coup une voix, où G*** prend-t-il donc toutes les jolies choses qu'il met dans ses pièces?

— Belle question ! répondit un pince-sans-rire ; G*** a un forçat, vous le savez bien.

— Oui, ajouta un troisième en s'arrêtant de siffloter l'air en vogue ; oui, un vrai forçat du bagne de Toulon.

Ce forçat, était-ce une réalité ou une fable? Il serait difficile de répondre. Mais vous pensez bien que l'affaire n'en resta pas là. Personne n'ayant pris la parole pour combattre, même modérément, l'assertion émise, le forçat passa sur-le-champ à l'état de vérité démontrée. Dès le lendemain, Paris entendait dire à tous les coins de rue :

— Ce vieux renard de G*** ! il fait faire toutes ses pièces de théâtre par un forçat !

A la longue, il n'y avait point le moindre doute

là-dessus. Ce qui acheva de former la conviction de la galerie, ce fut G*** lui-même, à qui l'on demandait familièrement des nouvelles de son forçat, et qui croyait devoir répondre en riant :
— Mais il ne va pas mal, et vous ? » — Tout aussitôt on s'échappa en commentaires, on se mit à *filer* G***, et on le vit assez fréquemment, aux heures du crépuscule, entre chien et loup, s'en aller rue de la Lune, près d'une maison borgne, et prendre par une allée obscure, en regardant derrière soi, afin de bien voir s'il n'était pas suivi.
— C'est bien cela, disait-on, il va chez son forçat.

Qu'était-ce que cet inconnu ? Un homme de talent qui était allé aux galères pour quelque crime atroce, et qui en était revenu au bout de son temps. N'ayant plus pour vivre d'état avouable, le malheureux s'était mis aux gages d'un auteur qui ne savait pas l'orthographe. D'un bout de l'année à l'autre, il composait des ouvrages dramatiques, comme il aurait raboté des planches chez un menuisier, ou ressemelé des bottes chez un disciple de Saint-Crépin. Il y avait une condition expresse, qu'il avait été le premier à poser, puisqu'il était sous la surveillance de la haute police : c'était de n'y jamais mettre son nom. Quant aux honoraires, à ce qu'on appelle les droits d'auteur, ils consistaient en appointements qui ne dépassaient pas soixante-quinze francs par mois, neuf cents francs par an.

C'était de quoi avoir un galetas, deux écuelles de soupes par jour et un habit râpé. — La suite du bagne, comme vous voyez.

J'ai toujours supposé que le forçat du vieux G*** n'avait jamais été qu'une aimable supposition des confrères, ou encore, que ce n'était qu'une hyperbole.

G*** a rencontré sur son chemin, un jour, un pauvre diable qui crevait de faim. L'homme était un ex-régent de rhétorique dépossédé de sa chaire par suite de l'abus d'un des sept péchés capitaux. Peut-être encore était-ce originairement quelque ancien prix d'honneur, réduit à l'état d'épave sociale par les orages du Trente-et-Quarante. On aura dit que le misérable sortait du bagne, et l'on ne se sera trompé qu'à demi. Le fond du conte est donc vrai, si l'on voulait.

Vrai ou faux, il vit toujours à l'état de légende. Et même, mon ami Adolphe D..., me disait, il y a fort peu de temps :

— Tu sais, le forçat de G*** existe encore ; seulement il ne travaille plus pour le théâtre ; il fait les discours d'un sénateur bien pensant. — Pourquoi pas?

Mais, attendez! Vous allez voir les conséquences de cette affaire.

Tels et tels, un peu *fruits secs*, jaloux de la fortune du vieux vaudevilliste, ont fini par prendre son truc pour argent comptant. Voyant qu'à eux seuls ils n'arriveraient à rien, ils ont mis, un matin, le flair au vent, en se disant :

— Ah ça, pourquoi ne chercherions-nous pas, nous aussi, à avoir un forçat?

C'était presque le cri de Richard III demandant un cheval.

— Un forçat! un forçat, homme d'esprit, une tête inventive qui a été condamnée à porter le bonnet vert pour des peccadilles de jeunesse! Cela doit se trouver dans l'orbe immense d'une ville qui enserre deux millions d'habitants dans ses remparts. Cherchons bien, furetons, demandons : n'épargnons ni le temps, ni la peine; allons partout! — Y a-t-il un forçat dans cette maison?

Le fait est, qu'en parcourant le livre si curieux de M. Frégier : *les Classes dangereuses dans Paris*, on voit, hélas! que l'art, les lettres, la théologie, l'éloquence, le talent et le génie même foisonnent dans les bas-fonds de notre société. Il en est de ces éléments comme des pépites du Sacramento, il ne faut que savoir mettre la main dessus. — Cherchez donc bien et vous trouverez même la petite monnaie de Molière ou celle de Shakespeare.

C'est pourquoi on a vu un jour, dans les *Petites Affiches*, à l'article : DEMANDES ET OFFRES, une annonce ainsi conçue :

« *Z***, rue de***, demande un ancien condamné libéré pour l'aider dans ses travaux littéraires. — On aura la table et le logement, plus un argent de poche convenable. Il n'est pas indispensable d'affranchir.* »

— Qu'est-ce que ce Z...? Peut-être l'un des contemporains que le succès aura le plus couronnés? Je m'imagine, quant à moi, voir en lui un beau monsieur en elbeuf toujours frais, un ruban rouge à la boutonnière, le cigare à la bouche, un geste de protecteur au bout de la main droite, ne marchant qu'en souriant, et et souriant même quand il faudrait froncer le sourcil. — Z... pourrait bien devoir à un forçat les trois quarts de sa solennelle personnalité. — Paris renferme des singularités plus incroyables. — Oui, madame ; — oui, monsieur.

Alexandre Dumas père, l'homme qui a le plus usé de la collaboration, suivant le savant Quérard, s'est moqué trois ou quatre fois, avec une verve d'Ajax, de l'inanité ou de la faiblesse de ses collaborateurs. On a ri, d'abord parce que ce qu'il disait à cet égard, était excessivement piquant;

en second lieu, parce qu'il était de mode de rire de tout ce que disait ce prodigieux producteur. Il n'en est pas moins établi très nettement, que l'auteur d'*Antony* a pu faire manœuvrer sous ses ordres une interminable kyrielle de soixante-dix-sept collaborateurs ; ceux dont le savant Quérard a dressé la liste dans la *France littéraire*. Ajouter à ce qu'on a soi-même, quand on est très richement doué, centupler la substance intellectuelle de quelques hommes de talent, c'est, vous en conviendrez, un sûr moyen de réussir. Aussi les *Trois Mousquetaires*, la *Tour de Nesle* et *Monte-Christo*, c'est-à-dire les trois œuvres les plus importantes signées par l'écrivain, pourraient-elles être estampillées par d'autres noms que le sien. Mais ce n'est pas là ce que je voulais dire : Alexandre Dumas a eu pour secrétaire un forçat ou quelque chose d'approchant.

C'est lui-même qui me l'a dit à moi-même.

Cela se passait au *Mousquetaire*, journal qui se faisait rue Laffitte, au rez-de-chaussée de la Maison d'or. — Nous étions là une dizaine parmi lesquels Paul Bocage, Georges Bell, Alfred Asseline, Aurélien Scholl, Henry de la Madelène, Adolphe Dupeuty et moi. — Henri Rochefort débutait à côté de nous. — Mais, à côté de nous aussi, se trouvait un étranger, juif hongrois ou juif allemand, qui se faisait appeler « le comte

Max de Goritz », qu'Alexandre Dumas avait rencontré à Bruxelles et amené avec lui à Paris.

L'homme était fluet, vif, instruit, spirituel, distingué, mais tout entouré de mystère.

Un matin, Alexandre Dumas nous prit à part, Georges Bell, Urbain Fages et moi, et nous dit :

— La police m'a prévenu que celui qui signe ici : *Le comte Max de Goritz,* est un aventurier de la pire espèce, expert même en fait d'assassinat. Il est en fuite.

Et il ajouta :

— Ça n'empêche pas que j'aie fait trois volumes avec lui.

Et ces trois volumes de romans font encore en ce moment le tour du monde, étant surtout demandés par les duchesses et autres grandes dames.

Le forçat qui travaille pour le théâtre ou pour la librairie, était donc un type à signaler.

XII

LA SEMAINE DES ADIEUX

Ceux qui aiment sérieusement le théâtre n'ont pas oublié la dernière décade d'avril 1863, surnommée, non sans raison : *la Semaine des adieux*. Quatre artistes dramatiques, tous fort aimés du public, ont pris, cette semaine-là, leur retraite, après de longues années de succès. Il y a un usage invariable qui date du vieux Baron, et vous voyez que, par conséquent, cela remonte assez haut : c'est que l'acteur ne se retire pas sans avoir, une dernière fois, souri et dit un mot au parterre et aux loges qui l'ont applaudi, tous les soirs, très souvent pendant un demi-siècle.

Entre l'athénien de Paris, vivant de loisirs délicats, et le comédien ou la comédienne en vedette, il finit par s'établir un lien de sympathie qui est bien quelque chose comme une parenté.

Peu à peu l'on arrive à croire qu'on est de la même famille. Il en est qui disent : « Mon acteur » ou « mon actrice » comme ils disent mon poète ou mon peintre. Cependant le Temps marche toujours, puisqu'il ne sait pas s'arrêter. De dix ans en dix ans, son passage laisse des traces visibles, trop visibles, sur les têtes les plus chenues. Un jour vient où l'on n'a plus ni verdeur, ni voix, ni rayon dans les yeux. Il faut quitter l'art, si l'on ne veut pas que l'art vous quitte. C'est alors qu'on organise les représentations de retraite. Triste et touchante cérémonie. Le vieux Potier, une des gloires théâtrales du premier Empire et de la Restauration, chantait, ce soir-là, un couplet de circonstance, tout parsemé d'antithèses :

> Le vieil ami qui, trente ans, vous fit rire,
> Ce soir, messieurs, va vous faire pleurer.

Et, en effet, à ce que raconte l'histoire, près de mille spectateurs avaient, en l'entendant, les larmes aux yeux.

— Eh! mais! quoi de plus concevable, s'écriait le feuilletonniste de la *Quotidienne*, est-ce qu'il ne nous a pas tous consolés dans nos mauvais jours?

Un public entier pleurant, j'en ai vu un, moi qui vous parle, en 1836, à l'Opéra, le soir où, dans les *Huguenots*, Adolphe Nourrit prenait congé du public qu'il charmait d'ordinaire et dont il était si bien compris. Il va sans dire que le superbe et malheureux ténor aussi ne pouvait retenir ses larmes. N'était-il pas déjà agité par le pressentiment du drame qui l'attendait à Naples?

Mais revenons, s'il vous plaît, à la dernière semaine d'avril 1863, à la *Semaine des adieux*.

Ils étaient donc quatre à faire leurs adieux. Un jour, c'était Maillart, de la Comédie française; le surlendemain, c'était Arnal, le diamant du Vaudeville; le jour d'après, c'était Samson, aussi de la Comédie française; enfin venait le tour de Ferville, l'un des plus glorieux piliers du Gymnase.

Qu'on juge du juste émoi des amateurs! Comment retrouver un peu de saveur aux mets dramatiques, si le sel de l'art se retirait en bloc? M. Maillart avait toujours fort belle tenue dans l'ancien et dans le nouveau répertoire. Il se passerait sans doute bien des années avant qu'on mît la main sur son équivalent. Comment remplacer Samson, dans la *Camaraderie* et dans *Mademoiselle de la Seiglière?* Ferville, c'était presque Préville; Ferville, c'était, avec Bouffé, le succès du *Gamin de Paris* et celui de la *Chanoinesse*. Quant à Arnal, il n'y avait qu'une voix. Petits et grands, riches et pauvres, cet immense

Paris, qui a tant de faible pour la gaieté, savait bien que nul ne vaudrait jamais Arnal dans *Renaudin de Caen*, *le Poltron*, *les Gants jaunes*, *L'Humoriste* et dans *Riche d'amour*.

Arnal faisait des vers, et même, laissez-moi le dire, ces vers ne valaient pas le diable, mais enfin, çà et là, il tournait passablement une chanson. Mais, cette fois, il n'avait pas voulu se fier à sa Muse. C'est pourquoi un vieux vaudevilliste, M. Duvert, à qui l'acteur devait ses meilleurs rôles, lui avait composé un couplet d'adieu pour sa dernière représentation. La difficulté était de placer ce couplet. Arnal jouait *Riche d'amour*, qui terminait le spectacle. Or, on sait que beaucoup de personnes, pour éviter l'encombrement de la sortie, partent avant la fin de la dernière scène. C'était s'exposer à ce que le couplet d'adieu ne fût pas entendu de la plus grande partie du public que de le chanter après *Riche d'amour*. On avait résolu de le chanter avant. On donnait, ce soir-là, un vaudeville nouveau en trois actes, *le Ménage de Césarine*; on était convenu que ce serait Arnal qui viendrait nommer les auteurs, bien qu'il ne jouât pas dans la pièce.

Rien de plus adroit, car on doutait de la réussite de cette pièce, et l'on pouvait escamoter un succès en lui attribuant les bravos que la vue d'Arnal ne pouvait manquer de provoquer. Mais l'événement trompe souvent les plus habiles combinaisons. *Le Ménage de Césarine* n'a pu s'achever. C'était la lutte peu aimable d'une jeune femme richement dotée contre un jeune mari d'une avarice extrême qui la privait des plaisirs du monde, dont elle s'était flattée de jouir après son mariage.

Dès le deuxième acte, le public, impatienté par une action trop vide, par des détails trop peu comiques, par des caractères à la fois outrés et décolorés, le public s'est mis à accompagner les acteurs avec des huées et des trépignements qui sont devenus si formidables au troisième acte qu'il a fallu baisser le rideau avant la fin. Dès lors point d'auteurs à nommer, point de prétexte pour amener Arnal sur la scène avant *Riche d'amour*; mais il n'avait pas besoin de prétexte. Il est venu tout simplement annoncer qu'au moment de jouer pour la dernière fois, il désirait adresser un couplet d'adieu au public toujours bienveillant pour lui.

On devine que cette annonce a fait succéder des slaves de bravos aux huées et aux trépignements. Ces bravos ont redoublé après le couplet suivant qu'Arnal a chanté avec son goût ordinaire, mais d'une voix altérée par l'émotion :

Air de Téniers.

Adieu, messieurs, je pars, et ma voix tremble,
Ma gaieté fuit; je suis tout défaillant.
Quand si longtemps on a fait route ensemble,
On ne peut pas se quitter en riant.
Mais, je le sens, la retraite où j'aspire
Pour mon cœur seul est un sujet d'émoi :
Que votre adieu soit encore un sourire ;
Que le chagrin ne reste que pour moi !

Après ce joli couplet, que le public a fait bisser, Arnal a détaillé avec ce soin, cette finesse, cette aisance, cette originalité qui ont fait sa réputation, le rôle si amusant de *Riche d'amour*. Chaque récit, chaque lazzi, chaque couplet ont été l'occasion d'une nouvelle ovation en son honneur.

Arnal avait juré qu'il ne reparaîtrait plus sur les planches. Serment d'ivrogne! Un moment il s'était réellement retiré, et Paris n'entendait plus parler de lui : Arnal, disait-on, plantait ses choux quelque part, en Suisse ou à Corbeil, je ne sais pas au juste. Mais, au fond, la nostalgie du théâtre minait le comédien émérite. A quatre ans de là, on le vit reparaître tout à coup, d'abord à propos de représentations extraordinaires, au profit de confrères malheureux qu'il s'agissait de secourir; ensuite dans deux ou trois bouts de rôle aux Variétés et au Vaudeville. Dans ce dernier théâtre, il faisait la fortune d'un acte de M. Labiche : *Le petit Voyage*, saynète dans laquelle il nous a encore fait pouffer de rire, en se montrant sous les traits d'un garçon de restaurant, vivant à la banlieue. Mais il avait grossi ; la voix s'était éraillée : on ne l'entendait qu'à peine. Ce n'était plus que l'ombre d'Arnal.

Mais faisons un nouveau mouvement de recurrence vers la *Semaine des adieux*.

Le lendemain de la soirée d'Arnal, à la représentation de retraite de M. Maillart, Samson, qui reparaissait dans son rôle de *Mademoiselle de la Seiglière* et dans *le Bourgeois gentilhomme*, a été l'objet de démonstrations semblables. — On a applaudi, mais l'on n'a pas pleuré.

Deux jours après, c'était le tour du bon Ferville. Comme nous en avions manifesté l'espoir, ni le public ni les artistes n'ont fait défaut au comédien octogénaire, recommandé par soixante ans de succès. Sa représentation de retraite a été magnifique. Le prix des places avait été triplé, et la salle était comble. Le spectacle a commencé à sept heures et ne s'est terminé qu'à une heure et demie du matin : cependant personne n'a quitté sa place avant la fin. Tout le monde voulait applaudir à la scène des *Adieux à Ferville*.

Ah ! Ferville ! comment ne pas aimer Ferville !

Celui-là était réellement un comédien de la vieille roche, qui n'avait voulu être que comédien, qui s'était moqué des réclames, de l'argent, de la pose, qui n'avait jamais fait sa tête, comme on dit, aimant l'art pour l'art, et rien que l'art. Et à ce sujet, à l'orchestre, pendant l'entr'acte, on se contait une anecdote valant son pesant d'or. Ferville avait pour servante une jeune Cauchoise naïve comme un chou et franche comme l'or. Un soir, l'acteur lui avait donné un billet pour le Gymnase même.

— Tu me verras dans la pièce où je joue, disait-il.

C'était, je crois, le *Gamin de Paris* où Bouffé jouait l'enfant mutin et Ferville lui-même le général.

Le lendemain, au moment où la bonne servait le déjeuner, le vieux comique l'interrogea sur ses impressions de la veille :

— Eh bien, Fanchette, t'es-tu amusée, hier?
— Oui, monsieur, beaucoup.
— Qu'est-ce qui t'a surtout frappée?
— D'abord, ce drôle de M. Bouffé, vous savez, il a le diable au corps, surtout quand il joue de la toupie.
— Très vrai, cela. Et après?
— Après, il y a mademoiselle Eugénie Sauvage.

Ah! c'est ça une belle demoiselle! Fameuse en toilette, très bien mise, là.

— Eh bien, et moi?

— Ah! pour vous, monsieur, je n'ai rien à dire. Vous étiez là comme chez vous, comme vous êtes ici en ce moment, très naturellement. Vous n'aviez pas l'air de jouer la comédie.

Ce mot de la jeune Cauchoise, Ferville, le bon Ferville s'était plu à le raconter. Bientôt ces paroles d'une naïveté agreste s'étaient répandues autour du théâtre et jusque dans la presse. *Vous n'aviez pas l'air de jouer la comédie*, pas un critique n'aurait trouvé cette formule et elle était d'une justesse irréprochable.

Qu'on me pardonne donc encore cette digression, et puis qu'on revienne avec moi à la scène des adieux du vieux général Bourgachard.

Dans cette scène, tout ce qui comptait et tout ce qui a compté parmi les illustrations des différents théâtres de Paris avait voulu figurer. On y a revu MM. Ponchard, Duprez, Levasseur, Delsarte; MM. Frédérick-Lemaître, Bouffé, Numa, Levassor; le Théâtre-Français s'est distingué entre tous par son empressement. Tous ses sociétaires, y compris ceux qui venaient de prendre leur retraite, MM. Samson, Beauvallet, Maillart, ont apporté leur hommage au vieux comédien qui eût été si digne d'être admis dans leur société. Bressant, encore très vert, a lu d'une voix attendrie des stances composées pour la circonstance par M. Théodore de Banville. L'excellente Déjazet est venue embrasser son ancien camarade. Au nom des anciens artistes du Gymnase, mademoiselle Delaporie, lui a présenté un bouquet, en chantant le couplet suivant, qui est encore de M. de Banville et qui a été couvert d'applaudissements :

Air : *T'en souviens-tu ?*

Vous ne voyez que des amis, Ferville ;
Ils sont nombreux, et n'en sont que meilleurs.
Paris est là ; oui, c'est toute une ville
Qui, par mes mains, vient vous offrir des fleurs.
Brillant et pur, malgré les jours moroses,
Votre talent vivra dans l'avenir ;
Le temps, hélas ! qui fait pâlir les roses,
Ne fane pas les fleurs du souvenir !

Le comédien octogénaire eût pu dire comme l'octogénaire Voltaire : « On veut me faire mourir sous les fleurs ! »

XIII

NAPOLÉON MUSARD

Avait-il réellement reçu, en naissant, le prénom de Napoléon ? Je n'en sais rien, mais je suis tenté de croire que non. Sa prodigieuse popularité lui avait sans doute valu ce sobriquet. Le fait est que, de 1834 à 1845, Musard, le grand Musard, Musard père, qui n'a jamais eu de fils de ses œuvres, mais qui en avait adopté un, Napoléon Musard était l'homme le plus populaire de Paris. Le bâton de chef d'orchestre qu'il tenait à la main a plus conduit d'hommes et de femmes à la danse que le bâton du grand Turenne n'a mené de soldats à la guerre.

Musard, il n'était pas question d'une autre personnalité. Cet homme effroyablement grêlé, mais ayant, au point de vue de son art, le diable au corps, figurait sur les affiches dont étaient tapissés les murs de la ville. Une charge en plâtre, très originale, faite par Dantan, exagérait encore sa laideur et aidait au développement de sa gloire. Les confiseurs en vogue, à l'époque des étrennes, faisaient en chocolat une copie de cette statuette comique et la tiraient à des milliers d'exemplaires et tout le monde la croquait à belles dents. Ainsi le voulait la mode, toujours souveraine à Paris. Musard était toujours à la tête d'un concert qui, tous les soirs, ouvrait ses portes à quinze cents dilettanti des deux sexes. En carnaval, pour les nuits des jours gras, on installait Musard, le grand Musard dans la salle de l'Opéra. Il apparaissait avec toute la majesté d'un prince et toute la fougue fantastique d'un personnage d'Hoffmann.

> Ce Musard infernal,
> C'est Satan qui donne un bal!

chantait sur sa petite lyre d'ivoire le doux Émile Deschamps, un des rapsodes du Cénacle.

Dans ces mêmes temps, la rue Vivienne, par le bout qui donne en plein sur le boulevard Montmartre, ne ressemblait pas à ce qu'elle est aujourd'hui. Au lieu du son des pièces d'or qui se fait entendre à la porte des changeurs, on écoutait de la musique, quelque bel air à la mode. Les grands magasins du côté des nombres impairs où l'on vend aujourd'hui des étoffes n'étaient pas encore bâtis. Il y avait là une Halle d'harmonie, allongée d'un jardin de plaisance où Parisiens et Parisiennes se promenaient pendant qu'un orchestre faisait de la musique, et cet orchestre, c'était le grand Musard qui le conduisait.

Deux artistes étaient mis en parallèle : Musard, le Linus de ce Frascati de la rue Vivienne, et Jullien, l'Amphion fashionable du Jardin turc, autre concert en plein vent du boulevard du Temple.

A cette époque-là, on trouvait encore un peu de romantisme en l'air, ce qui revient à dire que toutes les jeunes têtes étaient complètement toquées. Tandis que Jullien, le joli chef d'orchestre, tenait son archet au Jardin turc, Musard, si inélégant, mais si fougueux mélomane, donnait le signal d'une musique enragée qui infusait la fièvre à un auditoire de deux mille paires d'oreilles.

Jullien ressemblait à l'une de ces têtes de cire que les coiffeurs posent à leurs devantures : tignasse frisée, petites moustaches, un sourire à l'état stéréotypé, l'habit à la dernière mode, un jabot de dentelles et un diamant à ce jabot. Toujours des gants blancs qu'il ne mettait qu'une fois : un véritable Antinoüs du pays Bréda. Les hommes en avaient horreur, les femmes en raffolaient. Musard était l'opposé. Une tête de dogue, les joues trouées par la petite vérole, mal coiffé, mal fagotté, mal cravaté, lorsqu'il consentait à avoir une cravate, mais il avait réellement l'enfer dans le corps, musicalement parlant. Paris, alors amateur d'antithèses, se plaisait à comparer les deux hommes ; il disait :

— Voulez-vous voir un bel homme ? Allez au Jardin turc prendre des glaces à côté de Jullien. Voulez-vous entendre un artiste ? Courez chez Musard !

Musard s'était emparé de vive force du répertoire de Meyerbeer et il l'avait découpé en petites tranches pour les besoins de son concert. Aux *Huguenots* il avait pris le grand Choral de Luther; à *Robert-le-Diable* le fameux Chœur des démons. De tout cela il avait fait le thème de quadrilles infernaux et de galops tartaréens.

Mimi Pinson, la grisette d'Alfred de Musset, se sentait venir la chair de poule, dès les premières notes.

Il avait bien d'autres trucs, ce Musard ! Pour s'attacher ses partisans, il avait imaginé une symphonie surhumaine, quelque chose d'indescriptible et d'inanalysable, où, à certain moment, il se redressait, laissait tomber à ses pieds le bâton du commandement, à peu près comme Condé à Lérida, et cassait la chaise sur laquelle il avait été assis. Vous ne sauriez croire le succès qu'a obtenu pendant dix-huit mois cette chaise cassée. Les bourgeois rangés, et c'était leur âge d'or, étaient abasourdis d'un tel excès de dépense et de lyrisme; les jeunes gens étaient émerveillés.

Un fils du roi, le duc de Montpensier, ayant gagné un jour de sortie par suite d'une bonne place en thème, demandait comme une faveur d'être envoyé à la chaise cassée du grand Musard.
— Mais Paris est un pays où tout passe avec la rapidité de l'éclair. Ce truc vieillit. Il fallut en créer un autre; c'est alors que Musard fit sortir de sa tête féconde le galop du *Danois*.

Combien sont-ils, à cette heure, ceux qui se rappellent le *Danois?* — Encore une musique d'enfer, échevelée, emportée, furieuse, ce *Danois*; mais ce n'était rien encore que ses andantes et ses tempêtes de cuivre.

Tout à coup, à la minute où les ophycléïdes et le tam-tam se mêlaient comme s'unissent le tonnerre et la grêle en plein orage, notre incomparable Musard mettait les pieds sur son estrade et il tirait un coup de pistolet. C'était comme un souvenir de ce bal masqué où Gustave III fut tué par Ankarstrœm. En bonne justice, la chose aurait donc dû s'appeler le *Suédois*. Que voulez-vous ? il y avait déjà de la politique là-dedans, car où n'en met-on pas ? M. Gisquet, le préfet de police, intervint. Il ne voulait pas que l'idée du régicide se logeât ainsi dans le programme d'un concert, hanté par tout ce qu'il y avait de jeune et d'élégant. Par le fait d'une atténuation consentie, le morceau fut intitulé : le *Danois*. Presque tous les bals masqués d'alors finissaient par ce coup de pistolet dramatique.

Musard a disparu, un jour, sans bruit, en ayant l'air de s'esquiver comme font ceux qui se retirent, à *l'anglaise*, d'une soirée chez des intimes. On sait seulement qu'il avait laissé son nom à un grand garçon, son fils adoptif, qui lui a donné une étrange et triste célébrité.

Quant à Jullien, il a été longtemps, à Londres, la coqueluche des petites misses aux yeux bleu-de-mer et des dandys. Écrasé sous trop de succès, il est mort fou, un jour, vers la fin du second Empire.

On cite de lui un mot, apocryphe ou non, que, pendant un éclair de raison, il aurait dit, très peu de temps avant de mourir. En appliquant à son existence d'instrumentiste le titre d'un des drames de Shakespeare, il se serait écrié :

— *Beaucoup de bruit pour rien.*

XIV

LA STATUE DE CORNEILLE.

Pierre Corneille est à peu près le seul poète du siècle de Louis XIV qui ait trouvé grâce devant les Romantiques. Un moment même, les Jeunes de 1830 se sont mis à prétendre que le bonhomme était un des ancêtres de la nouvelle École. — « Puisqu'il a fait le *Cid*, c'est qu'il a dans les » veines du sang espagnol ; par conséquent, il » est des nôtres, » disait un des adeptes du Cénacle. — Victor Hugo n'a jamais caché ses prédilections touchant le vieux tragique. La très belle scène des comédiens ambulants dans *Marion Delorme* et quelques vers brisés du même drame témoignent nettement de la préférence du grand poète à cet égard. Il n'y a donc pas lieu de s'étonner si, en dépit de son admiration pour

Athènes et pour Rome, l'auteur des *Horaces* n'est pas devenu le point de mire d'autant de brocards que Jean Racine.

En 1834, il y a déjà un demi-siècle, — hélas! comme le temps marche! — Rouen avait jugé à propos de faire revivre Pierre Corneille, en bronze, sur une de ses places publiques. On conviait à la fête de l'inauguration l'Académie française, la Société des auteurs dramatiques, la pairie, le Théâtre-Français, des peintres et des sculpteurs. A midi et un quart, on avait écouté deux discours, d'abord celui de M. Pierre Lebrun, l'auteur de *Marie Stuart*; il s'était courroucé, ce classique, contre la nouvelle École; il disait des œuvres des contemporains : *C'est la nuit qui vient. — Ce sont des aberrations littéraires. — Ce sont des saturnales impudiques. — C'est le chaos. — Le goût français est perverti. — Voilà les Barbares!*

Dans le groupe des Parisiens, encore sous la pression de la fièvre romantique, on criait à Alexandre Dumas père : — *A vous le gant, monsieur Dumas; relevez-le!* — M. Dumas relevait ses cheveux. — Quand le moment venait pour lui de prendre la parole, il tirait de sa poche un discours écrit, où il s'amusait à peindre le vieux Corneille comme un bohème nécessiteux, happant un bouillon par hasard, raccommodant lui-même ses souliers et vivant ou plutôt mourant de dédicaces. La tirade se terminait par une phrase colorée qui ne veut rien dire, comme toutes les phrases colorées d'alors : *Richelieu dort sur son manteau rouge.* — Richelieu dort dans un tombeau de marbre, à la Sorbonne.

Cependant un dîner fut donné, le soir, au grand Salon de Terpsychore. Dans l'effusion de l'hospitalité, les commissaires du banquet demandaient à M. Alexandre Dumas un drame pour le théâtre de la ville. Dans l'effusion de sa reconnaissance, M. Alexandre Dumas s'engageait *par écrit* à faire représenter à Rouen, *dans le délai de trois ans,* un drame dont le sujet serait tiré des annales de la ville. — *N'importe lequel. Choisissez vous-mêmes!*

Chose curieuse, l'engagement était garanti par deux confrères du dramaturge, MM. Fontan et Maillan, hommes de talent, absolument oubliés de nos jours.

De son côté, M. le baron Taylor, qui remplissait dans la haute Égypte, au Caire, les fonctions de commissaire royal près le Théâtre-Français, disait, d'un air solennel :

— Je veillerai à ce que le théâtre de Rouen ait un bon répertoire.

M. le baron Taylor s'était aussi porté fort pour M. Alexandre Dumas.

— Messieurs, cette promesse du drame est un billet à ordre dont je suis l'endosseur.

Déjà, dès ce temps-là, Alexandre Dumas avait fait brillamment ses preuves au théâtre. Il prenait des allures de Shakespeare au petit pied. Après *Henri III et sa cour*, après *Christine à Fontainebleau*, *Antony*, *Angèle*, *Térésa*, *Charles VII chez ses grands vassaux* et la *Tour de Nesle*, il avait donné au Théâtre-Français une fort petite mais très adorable comédie en un acte : *le Mari de la veuve*. Un peu avant, il avait fait aussi à l'Odéon, en collaboration avec Cordellier Delanoue : *Napoléon*, grande pièce en huit tableaux, composée comme une machine de guerre contre ces Bourbons de la branche aînée, que venait de découronner la Révolution de Juillet. Comptez et vous verrez quelle somme de travail et quelle puissance d'improvisation représentaient tant d'œuvres écrites en moins de quatre ans. A la vue d'une telle éclosion, rien de plus facile à comprendre que l'empressement du baron Taylor. Tout aussi bien que lui le premier venu n'eût point hésité à garantir par sa signature l'engagement que venait de prendre l'intrépide dramaturge vis-à-vis des Rouennais.

Dans un coin, se cachant le plus possible, ne sachant que garder le silence au milieu de tant de fonctionnaires, de soleils de gloire et de parties prenantes au budget, Charles Nodier mangeait des charlottes. Voilà qu'un maître normand s'avise tout à coup de lui demander un autographe.

— Très volontiers, répond l'auteur de *Jean Sbogar*.

Il fait venir ce qu'il faut pour écrire et jette ce qui suit sur le papier :

« C'est à propos de la résurrection de Pierre Corneille que je suis venu dans le pays des pommes.

Signé : » CHARLES NODIER, *sans charge.* »

Trois années s'écoulèrent ; Rouen, par politesse, attendit six mois. Un jour, pourtant, on se décida à envoyer au débiteur un petit billet remémoratif pour toute sommation : « — *Eh bien, et le drame promis, y pensez-vous ?* » Alexandre Dumas répondit courrier par courrier : « — Si j'y » pense ! Eh ! mon Dieu ! comme je pense à » toutes mes dettes. Mais attendez un peu : je » suis occupé à mettre la main à *Don Juan de* » *Marana*, un mystère en cinq actes, que Harel » attend pour sauver la Porte-Saint-Martin. »
— Rouen attendit jusqu'en 1839. A cette époque, nouveau message. « — *Voyons, maître, n'oubliez* » *pas la promesse de 1834.* — Illustre ville de

» Rouen, répondit l'auteur, je n'oublie rien,
» croyez-le, mais comme Victor Hugo vient de
» faire *Ruy-Blas* pour Frédérick, il ne faut pas
» que je sois en reste de compte avec le grand
» acteur; je fais donc pour lui l'*Armurier de Flo-
» rence*. La chose finie, je suis à vous. » Il s'écoula
encore deux ans, et rien ne vint. Rouen commençait à se lasser. Cependant on juge à propos
d'envoyer encore un petit billet. « — Vous tombez
» mal, répliqua l'infatigable auteur. Pour le mo-
» ment, j'ai fait peau neuve. Je me suis fait
» feuilletonniste. C'est pourquoi je me suis en-
» gagé à faire cent cinquante volumes de romans
» pour cinq journaux. Mais ce n'est rien. Dans
» six mois, au plus tard, je m'occupe de vous. »
Les six mois expirés, on le cherchait, et il n'était
même pas en France. Il voyageait. Il allait à Florence, en Russie, à Naples, en Afrique, au diable
vert. — La ville de Rouen ne voulut plus s'occuper de rien. « — Un grand homme, soit, disait-
» elle, mais un fier gascon ! »

En 1847, sur la fin de l'année, il se passait
dans cette même ville une chose des plus graves.
Nous voulons parler de ce duel à la suite duquel avait été tué d'un coup de pistolet Dujarrier, le gérant de la *Presse*. L'affaire arrivait
devant la cour d'assise de la Seine-Inférieure, et
Alexandre Dumas, qui avait assisté au souper des

Frères Provençaux avec Roger de Beauvoir, Dujarrier et Lolla Montès, la danseuse, fut appelé en qualité de témoin. Naturellement tous les yeux se portaient sur le fécond auteur dont il avait été déjà tant question en 1834.

L'interrogatoire est célèbre.

LE PRÉSIDENT. — Votre nom?

LE TÉMOIN. — Alexandre Dumas.

— Où êtes-vous né?

— A Villers-Cotterets.

— Votre âge?

— Quarante-six ans.

— Votre profession?

— Monsieur le président, je répondrais : auteur dramatique, si je n'étais dans la patrie de Corneille.

Là, il y eut un petit temps de silence et le président, véritable renard de Normandie, riposta :

— Il y a des degrés, monsieur, il y a des degrés !

Épigramme très fine, très acérée.

Le soir, dans la ville, on colportait partout cette réplique du magistrat, en disant :

— Eh! dame, c'est la statue de Pierre Corneille qui s'est vengée !

XV

ACTRICE MAIGRE, ACTRICE GRASSE

(La scène se passe en mars 1849, dans les bureaux du *Corsaire*, au passage Jouffroy. — Henri Murger et Fiorentino entrent à peu près ensemble dans la salle de la rédaction.)

HENRI MURGER. — Ah ça, qu'avez-vous donc, ce matin? Jamais on ne vous a vu cette figure de dogue.

FIORENTINO. — Dame, c'est que j'ai été mordu.

HENRI MURGER. — Par qui? Par un chien enragé?

FIORENTINO. — Par une actrice maigre.

HENRI MURGER. — On revient de ça, mon cher.

FIORENTINO. — Pas toujours. En général, voyez-vous, j'ai pitié des actrices maigres. On ne saurait croire l'intérêt, le respect, la tristesse qu'elles m'inspirent. Aussi toutes les fois que je suis forcé de parler d'une actrice maigre, je ne trouve pas de gaze assez épaisse, pas de voiles assez impénétrables pour dérober au public le nom de l'infortunée.

HENRI MURGER. — Eh bien, alors, comment expliquer la morsure?

FIORENTINO. — Écoutez donc un peu mon affaire. Il s'agit de madame D***

HENRI MURGER. — Ah! vous m'en direz tant!

FIORENTINO. — J'ai dû parler dernièrement de cette actrice du Vaudeville connue pour sa maigreur. Je ne l'ai ni nommée ni désignée. Ce sont de ces compliments qu'on ne fait pas. Il y a beaucoup d'actrices maigres, même au Vaudeville, et j'espérais que personne ne voudrait se reconnaître dans le portrait que j'avais tracé. Or, le lendemain du jour où mon article a paru, j'ai reçu une lettre sur papier parfumé, marqué d'initiales. On avait découpé proprement, avec des ciseaux (arme terrible!), la phrase qui concernait l'actrice en question, et on l'accompagnait de trois lignes d'une écriture à moi connue. Si j'étais méchant, j'aurais montré cette lettre qui contenait des aveux complets, qui mettait un nom sur une phrase, qui mettait les points sur les *i*. Je n'en ai rien fait. Touché d'une commisération paternelle, j'ai caché l'imprudente épître au fond de mon armoire de fer. Mais la charmante actrice ne s'est point bornée là. Elle est allée se vanter à M. Paul-Ernest, le directeur, qu'elle m'avait écrit de bonne encre. Malheureuse enfant! qu'appelez-vous de bonne encre? Vous voulez donc que je publie vos trois lignes? Vous l'exigez, vous y tenez absolument? Allons, que votre volonté soit faite! Je ne sais si votre encre est bonne ou mauvaise, mais voici ce que vous m'avez écrit : « *Vous êtes décidément trop spirituel. Et quel goût! quelle délicatesse...* » Suivent trois points d'exclamation qui m'ont fait verser trois larmes!!!

HENRI MURGER. — Comment! vous avez pleuré, vous, Fiorentino?

FIORENTINO. — Mon cher, c'est une manière de parler. Mais laissez-moi continuer de m'adresser à la blonde madame D*** l'actrice du Vaudeville qui joue si bien du point d'exclamation. — Eh! quoi! vous vous êtes reconnue, belle madame, dans l'esquisse dont vous vous plaignez! Mais c'est très maladroit, savez-vous, pauvre amie! Il est question d'une araignée dans mon article, et vous vous écriez naïvement : « Cette araignée, c'est moi! » Araignée du soir, espoir; araignée matin, chagrin; et voilà que, chagrinée au dernier point, sans vous donner le temps de réfléchir, vous prenez les ciseaux et la plume pour vous délivrer à vous-même un certificat d'araignée! En supposant, ce que je nie, que j'aie voulu donner une chiquenaude sur le bout de votre joli nez, pourquoi m'accusez-vous réception de la chiquenaude?

HENRI MUGER —Voyons, mon cher, elle n'est pas ici ; par conséquent, elle n'entend pas ce que vous dites. Comment voulez-vous qu'elle vous réponde?

FIORENTINO. — Les murs ont des oreilles, vous ne l'ignorez pas. Ainsi elle pourra savoir ce que je lui dis. Et puis, étant critique théâtral de mon métier, pourquoi ne ferais-je pas des monologues et des *aparte* comme tous les gens qui touchent de près au théâtre? Laissez-moi donc finir une dernière tirade qui sera aussi un bon conseil.

« Chère madame, en retournant les termes de
» votre lettre, je vous dirai : *Vous n'êtes pas assez*
» *spirituelle*. Vous avez du *goût* pour vos jolis
» chapeaux du matin que j'ai si souvent admirés,
» vous avez de la *délicatesse* plus que vous n'en
» voudriez au physique, bien entendu. Mais ne
» jouez pas avec la plume. Vous pourriez tacher
» vos jolis doigts d'une vilaine tache noire, et
» attirer l'attention sur vos mains, qui ne sont
» pas, à ce que prétendent vos rivales, ce que
» vous avez de plus parfait, vous qui êtes pour
» moi un abrégé de toutes les perfections hu-
» maines ! Contentez-vous d'être une gloire de la

7.

» scène. Ne soyez pas épistolaire : madame de
» Sévigné était dodue... »

HENRI MURGER. — Parlons d'autre chose, petit fils de Machiavel.

FIORENTINO. — Très volontiers, petit-fils de Villon.

HENRI MURGER. — Puisque nous en sommes aux gens de théâtre, expliquez-moi donc pourquoi les Italiens, toujours si soigneux d'être de grands chanteurs, ne se foulent jamais la rate pour être de grands comédiens?

FIORENTINO. — Mon cher, il y a à ça trois raisons. La première, c'est que, comme l'a fort bien dit votre Voltaire, la nature les a doués d'un larynx particulier, plus propre au chant que le gosier des oiseaux. La seconde, c'est que, ne manquant pas de finesse, ils savent fort bien qu'on ne peut pas être parfait dans deux genres à la fois. Enfin, quant à la troisième, c'est qu'au delà des monts, on prend son monde par les oreilles et non, comme à Paris, par les yeux.

HENRI MURGER. — Voilà une savante analyse, mon maître. Naples, les oreilles; Paris, les yeux.

(*En ce moment la porte s'ouvre, paraît un garçon de bureau.*)

LE GARÇON DE BUREAU. — Monsieur Fiorentino, une dame demande à vous parler. Tenez voici sa carte.

Fiorentino, *après avoir lu*. — En effet, une dame, une très grosse dame : Madame Alboni, première chanteuse du Théâtre Italien. Faites-la entrer dans la petite salle de réception.

Le garçon de bureau, *familièrement, à demi-voix*. — Mais pourra-t-elle passer par la porte ?

Fiorentino. — Allez toujours. *(à Murger).* Vous le voyez, ce maraud se mêle de faire de la critique.

Henri Murger. — Dame, c'est la contagion de l'exemple. Madame Alboni est la première chanteuse de l'Europe, n'est-ce pas ?

Fiorentino. — Dites donc du monde connu, mon cher. Seulement, il y a contre elle cet effroyable envahissement de l'embonpoint.

Henri Murger. — Oui, je ne sais plus quel plaisant de l'orchestre a dit, en parlant d'elle : — *Eh ! c'est un éléphant qui a avalé un rossignol.*

Fiorentino. — Jusque-là, c'est bien ; le rossignol survit ; mais qui sait ? demain, les formes trop opulentes de l'harmonieuse personne le tueront, peut-être. Ah ! les actrices grasses !

Henri Murger. — Mais tout à l'heure vous blaguiez les actrices maigres ?

Fiorentino. — Mon cher, je cours à ma visite. A une autre fois les théories *(exit.).*

Henri Murger. — Les théories d'un critique, c'est de n'être jamais content de rien.

XVI

LES DEUX CENTS FRANCS DE L'AUVERGNATE

(Madame Dorval).

Hélas ! comme tout passe vite dans ce Paris plus changeant qu'un kaléidoscope ! Marie Dorval est morte en mai 1849, et très certainement le nom de la grande artiste est inconnu des nouvelles générations. C'est tout au plus si quelques contemporains à barbe blanche prononcent encore, de temps en temps, pendant un entr'acte, le nom de la femme illustre qui a si puissamment contribué au succès des premiers drames romantiques. Victor Hugo, Alexandre Dumas, père, Alfred de Vigny et ceux qui viennent après ces maîtres ne sauraient pourtant se comprendre sans cette rayonnante auxiliaire si belle de pudeur vaincue dans *Antony*, si lyrique dans la première reprise d'*Hernani*, si touchante dans *Chatterton*. De 1830 à 1840, le mouvement théâtral et littéraire ne va pas sans l'aide de cette figure, pâle, émaciée, mais étincelante de poésie.

On a beaucoup écrit sur Marie Dorval. Alexandre Dumas lui a consacré plusieurs chapitres de ses *Mémoires;* H. de Latouche a raconté avec sa plume de colibri une scène fameuse, celle où, du fond d'une baignoire, au théâtre de la Porte-Saint-Martin, la Malibran, encore inconnue d'elle, la fascinait de son regard et l'obligeait ainsi à jouer dans les *Deux Forçats*, comme elle n'avait pas encore joué c'est-à-dire en comédienne sans pareille; George Sand lui a adressé vingt lettres qui sont des chefs-d'œuvre. Sans exagération, il serait facile de composer un volume in-folio avec les pages de haut vol qui se rapportent à la vie de Marie Dorval. Un moment j'avais songé à rassembler ces divers éléments d'une biographie si intéressante, mais la grandeur de cette tâche devant excéder de beaucoup la part que j'ai à donner à chacune de nos célébrités, je me bornerai à rapporter ici un trait (il y en aurait vingt à citer), un seul trait qui démontrera combien était bon le cœur de l'actrice.

Voilà longtemps de ça, soixante ans, puisque le fait se passait sous la Restauration, peu d'années après le succès des *Deux Forçats* et de la *Fille du*

Musicien, succès déterminés par elle. Depuis huit jours, madame Dorval était malade et avait été forcée d'interrompre les représentations d'une pièce qui procurait à la Porte-Saint-Martin d'abondantes recettes.

La fièvre la dévorait ; elle se traînait à peine ; elle avait besoin de tranquillité et de repos.

Seule, assise dans un grand fauteuil et entourée d'un demi-jour qu'elle aimait, elle laissait s'égarer dans de tristes pensées son esprit aussi abattu que son corps.

Tout à coup elle entend des cris, des gémissements mêlés à des éclats de rire ; elle sonne, elle veut savoir la cause de ce bruit, elle fait venir son portier.

Celui-ci arrive, les coins de la bouche encore écartés par le rire.

— Qu'y a-t-il ? demande madame Dorval.

— Oh ! madame, vous ne pourrez jamais vous figurer ce que c'est ; la chose la plus drôle.

— Voyons, parlez.

— Madame, au sixième, il y a une jeune fille, une Auvergnate, madame la connaît peut-être ?

— Non ; après ?

— Il paraît, madame, que Madelon a une mère qui est malade et un amoureux qui va se marier... Tout cela en Auvergne.

— Une mère malade, pauvre fille !

— Et un amoureux infidèle !

— Loin des yeux, loin du cœur, dit en soupirant madame Dorval.

Il faut rendre justice au portier, il ne riait pas de la douleur de Madelon, il riait de ce que le directeur des messageries ne voulait pas transporter la jeune fille à Clermont, attendu qu'elle n'avait point d'argent ; voilà pourquoi Madelon, obligée de rester à Paris et condamnée peut-être à ne plus voir sa mère et à perdre son amoureux, remplissait l'escalier de ses cris et de ses pleurs.

Or, madame Dorval avait beaucoup aimé sa mère ; elle avait soigné ses derniers moments avec une piété religieuse, et elle était aussi très disposée à s'attendrir sur le sort d'une jeune fille qui va perdre un amant ; mais elle se trouvait à peu près sans argent.

Elle fit prier son directeur de venir la voir.

M. de M*** accourut.

— Monsieur, lui dit-elle, vous êtes en avance avec moi ; je vous dois. Cependant il me faut tout de suite deux cents francs. Je jouerai ce soir.

C'était pour M. de M*** un bénéfice de deux mille francs à peu près ; mais il savait aussi que la maladie de madame Dorval était réelle, et il offrit les deux cents francs, sans imposer la condition de jouer.

— Non, reprit madame Dorval, il me faut un feu de deux cents francs pour la représentation de ce soir. Voyez, je ne suis plus malade.

Et elle se leva, l'incarnat revint aux lèvres, l'animation à la figure.

Madelon eut deux cents francs et partit sans que sa bienfaitrice voulût permettre que la jeune fille connût la main d'où venait le bienfait.

L'actrice joua et joua bien. La sensation l'avait guérie.

Voilà comment s'écoulait l'argent dans les mains de madame Dorval : de bonnes actions, des fantaisies d'artiste, des hommes d'affaires qui la ruinaient, une ignorance absolue du prix des choses les plus usuelles : il n'est pas étonnant qu'elle n'ait jamais été riche.

Mademoiselle Duchesnois payait un gigot de mouton trente-six francs, à Paris, et seulement vingt-cinq francs à la campagne, tout en se louant de la probité de sa cuisinière. Madame Dorval était de cette force.

J.-T. Merle, son mari, disait : « — Marie » Dorval ! Eh ! c'est Marie-Madeleine, actrice. »

XVII

HISTOIRE D'UNE STALLE D'ORCHESTRE

(Après l'incendie de l'Opéra.)

J'ai à narrer une des pages de cette grande et étonnante histoire du malheureux théâtre de l'Opéra, rue Le Peletier, mais prenez bien garde que je ne promets rien de pompeux. Les noms historiques de notre temps n'auront aucun rôle à jouer dans ce très simple récit.

Il s'agit d'une entrée modeste, du prix de cinq cents francs par an.

Sous la seconde République, au commencement de l'hiver, en janvier 1849, un jeune homme était venu tout à coup grossir les rangs des habitués de l'Opéra. Vêtu d'un habit bleu barbeau à boutons guillochés, cravaté de blanc, ganté de même, il avait encore dans sa toilette un signe caractéristique, il était énormément frisé. — Pourquoi était-il tant frisé que ça ? — Nul n'aurait pu le dire. Allant et venant, tantôt s'installant au balcon, tantôt à l'orchestre, il ne manquait pas une représentation, pas une. On aurait pu supposer qu'il faisait partie du mobilier de la salle. Il était là comme chez lui.

A force de le voir, on s'était fait à sa figure. Nestor Roqueplan, qui ne le connaissait que de vue, l'avait surnommé Pistache. Pour quelle raison ? — Il n'y avait ni rime ni raison. — Pistache ! ce mot faisait bien, et c'était assez.

— Pistache est-il venu ce soir ! demandait le directeur à l'ouvreuse.

— Oui, monsieur. Tenez, le voilà à la stalle 75, en train de causer avec le vieux prince de Kaunitz.

— Bon et fidèle Pistache ! reprenait en *a parte* l'auteur de *Parisine*, il est toujours en avance de vingt minutes sur le vrai public ; il attire les autres.

— M. Pistache, — puisque c'est là son nom, — se moquait de tout ce qu'on pouvait dire de bien ou de mal sur son compte. Il paraissait avoir pour philosophie de ne jamais s'occuper de sa propre personne. En revanche, aussitôt qu'il s'élevait quelque part, pendant l'entr'acte, un débat un peu vif ou le semblant d'une querelle, il accourait afin de mettre le holà.

Cent fois, on a été témoin de cette scène touchante. Quand deux voisins étaient en dissentiment sur un point local, la tête frisée apparaissait. S'il s'élevait un doute sur la suppression d'un air de bravoure ou sur la réalité d'un maillot, la tête frisée ouvrait obligeamment la bouche et mettait en peu de mots les adversaires d'accord, comme le vénérable Habeneck le faisait pour tous les sujets de son orchestre.

Par moments les habitués étaient fort intrigués de cette bienveillante et éternelle intervention.

De là un dialogue qui se renouvelait assez souvent.

— Ah ça, qu'est-ce que c'est que cet oracle de l'Opéra ?

— Je ne sais. Le directeur l'appelle Pistache. Joli nom, mais ça ne fait que redoubler l'obscurité dont s'enveloppe le personnage.

— Est-ce un musicien ?

— Point. Il n'est connu d'aucun des artistes.

— Un amoureux ?

— Il ne met jamais les pieds sur le théâtre.

— Un journaliste ?

— On n'a jamais vu sa signature nulle part.

— Un familier de la division des Beaux-Arts ?

— Laissez donc. Il est si frisé !

Non, M. Pistache n'était rien de tout cela : c'était tout uniment un clerc d'avoué.

Trois mois avant le temps dont il vient d'être parlé, il s'était passé quelque chose d'étrange rue de l'Arbre-Sec.

Un soir d'octobre, vers sept heures, un élégant coupé s'était arrêté devant la porte d'une maison de modeste apparence.

Nota. — La rue de l'Arbre-Sec était fort humble, il y a trente-cinq ans.

Un groom doré sur toutes les coutures descendit du véhicule en question. Il gravit cinq étages quatre à quatre, comme dans la chanson de Béranger, s'arrêta un instant à une patte de biche, sonna et, la porte ouverte, dit :

— Est-ce ici que demeure M. Dub..., premier clerc de maître Boudin, avoué?

— Monsieur Dub..., c'est moi-même.

— Eh bien, monsieur, veuillez prendre connaissance de cette lettre.

A peine le messager en livrée fut-il parti que M. Dub... rompit le cachet, car on n'abusait pas encore de la colle à bouche; il trouva d'abord sous l'enveloppe un papier plié en losange. — Plié en losange ! Ça sentait le roman. — Mais cette supposition d'une correspondance romanesque ne fit que traverser la pensée de l'habitant de la rue de l'Arbre-Sec. — Une femme, ayant un groom pour porter ses épîtres, écrirait-elle à un clerc d'avoué? — En examinant avec quelque attention, le praticien vit sans délai qu'il s'agissait d'affaires.

En effet, cette lettre était l'extrait d'une clause testamentaire ainsi conçue :

« J'ai pourvu à l'existence de mes deux chevaux favoris, de mon chien Michel et de mon perroquet l'*Avocat sans cause*, par les legs spécifiés dans les articles qui précèdent. Je prie, en outre, mes exécuteurs testamentaires d'offrir un cadeau de quelque valeur à M. Dub..., premier clerc de Mᵉ Boudin, avoué. Par le zèle et l'intelligence qu'il a déployés lors de mon dernier procès contre le fisc, il a droit à toute ma gratitude. Il aime la musique. Il est essentiel de lui offrir quelque chose qu'il puisse accepter. Qu'ils avisent donc. Ce qu'ils décideront à cet égard sera bien fait.

» SIGISMOND BÉRARDIN,

» *Ancien munitionnaire des armées.* »

Quel cadeau donner au clerc d'avoué de façon à satisfaire l'ombre du testateur? Les héritiers s'étaient longuement creusé la tête. — Voyons, que donner ? — Une bibliothèque musicale ? — Très mince présent! — Un piano? — C'est bien vulgaire ! — Un Stradivarius? — Le clerc d'avoué ne jouait pas du violon. — Réflexion faite, la famille s'était arrêtée à un curieux expédient, que la lettre suivante, accompagnant l'extrait du testament, va faire connaître. Cette communication était naturellement adressée au jeune homme de la rue de l'Arbre-Sec :

« Monsieur,

» Fidèles exécuteurs des dernières volontés de M. Sigismond Bérardin, notre parent, nous vous prions de vouloir bien accepter une entrée perpétuelle à l'Académie royale de musique et la location d'un coupé qui viendra vous prendre, les jours d'Opéra. Il est bien entendu que vous aurez cette voiture à votre disposition pour toute la soirée.

» Agréez, etc.

» Jules et Édouard Bérardin,
» *Exécuteurs testamentaires de leur oncle.* »

» *N. B.* — Le coupé est à la porte de votre maison, et vous pouvez jouir de vos entrées à l'Opéra, à partir d'aujourd'hui. »

L'étonnement et la joie du clerc d'avoué ne pourraient se décrire avec l'encre tirée d'une écritoire.

— Il me tombe du ciel un plaisir de millionnaire, et pour toute ma vie, se dit M. Dub... en se frottant les mains.

A dater de ce moment-là, le jeune homme devint l'habitué le plus assidu de l'orchestre, un vrai pilier du grand théâtre lyrique. On le rencontrait à toutes les représentations, opéra ou ballet. Cette constance amena peu à peu un frottement avec toutes les notabilités du dilettantisme parisien. Le joli sobriquet de Pistache, donné par Nestor Roqueplan, acheva de mettre le personnage en relief. M. Pistache, causant avec tout le monde, plaisant à tout le monde, finit par être un peu l'invité de tout le monde.

A un thé, un soir, rue du Helder, on proposa d'improviser ce qu'on appelle une *sauterie*. M. Pistache s'y fit remarquer tour à tour comme homme aimable et comme valseur. Un valseur ! cela devient, de nos jours, un oiseau rare. Les filles à marier courent volontiers après un tel sujet. Il y avait là une héritière, fille d'un gros vermicellier comme on dit, et six mois après, il y avait mariage à Saint-Louis-d'Antin.

Quand on rédigea les conventions matrimoniales chez le notaire, M. Dub..., c'est-à-dire M. Pistache, n'oublia pas de comprendre dans son apport l'entrée perpétuelle à l'Opéra, avec annexe du coupé venant le prendre et le reconduire.

Mais cent mille aphorismes l'on dit dans toutes les langues divulguées et inconnues : Rien ne dure. Le long bonheur du clerc a pris fin tout à coup par l'incendie de la rue Le Peletier.

A la vérité, il ne s'est agi que d'un entr'acte. L'entrée étant perpétuelle, M. Pistache a été le premier à se présenter au nouvel Opéra, construit par M. Garnier. Il n'y a pas un habitué de l'orchestre qui ne le connaisse.

— Ah ! voilà M. Pistache à son poste ! Nous pouvons entrer.

M. Pistache est comme le cicerone de l'orchestre.

XVIII

A LA FOIRE DE SAINT-CLOUD

Sous Louis XI, ce roi qui portait une petite sainte Vierge d'argent cousue à son chapeau, la corporation des clercs se lançait dans une nouveauté. Transformant en théâtre la grande Table de marbre placée au milieu de la salle du Palais, elle y jouait la Passion de Notre-Seigneur Jésus-Christ. On sait que Victor Hugo commence *Notre-Dame de Paris* par la description d'un spectacle de ce genre. Telle était à cette époque l'enfance de l'art dramatique. Il y a loin de la représentation des œuvres de Pierre Gringoire aux soirées de *Fédora* ou à celles de l'*Assommoir*, mais il faut pourtant le dire, le théâtre des Frères de la Passion existe encore de nos jours, et c'est très certainement celui que le vrai peuple visite le plus souvent. Il a traversé les siècles, un peu pareil à cette nymphe Aréthuse, fontaine merveilleuse qui parcourait les flots de la mer sans rien perdre de la mansuétude de son origine. Ce qu'il était il y a cinq cents ans, il l'est encore aujourd'hui. Le temps, la guerre, les révolutions, vingt pestes, rien n'a pu l'emporter. Tout au plus a-t-il un peu rajeuni les formes littéraires afin d'être mieux compris du public. Quant au fond du drame, il n'a pas varié ; c'est toujours, toujours, toujours la Vie et la Mort du Nazaréen.

Critiques et gens du monde, ceux qui tiennent à être au courant du mouvement de l'art n'ont pas manqué d'aller voir, rue de La Rochefoucault, il y a quelques années, l'admirable tableau de Munkacsy : *Jésus devant Pilate*. Durant un mois, Paris n'a pas parlé d'autre chose. En obéissant plus à l'histoire qu'à la théologie, le peintre montre, dans cette toile, le Fils du Charpentier en véritable révolutionnaire de la Judée et non en dieu conçu par l'opération du Saint-Esprit. Haut de taille, blond, maigre, pâle, mais superbe dans son attitude, l'auteur du Sermon sur la Montagne est amené, les mains liées, devant le proconsul, et c'est bien plutôt lui qui a l'air du juge que de l'accusé. Il n'y a là-dedans aucun indice de ce qu'on a appelé la résignation chrétienne.

Jésus est un homme, rien qu'un homme ; seulement cet homme sait qu'il va être condamné à mort et on voit bien qu'il ne craint pas de mourir.

Quand il parle, ce ne peut être qu'en se servant d'un langage très net, très simple, tout à fait humain.

Munkacsy avait-il entendu, à travers les foires, la *Passion de Notre-Seigneur Jésus-Christ ?* On pourrait le croire. Cette audition, en effet, pourrait avoir autant influé sur son esprit que la lecture de la *Vie de Jésus* d'Ernest Renan et de *Sainte Marie-Madelaine* du père Dominique Lacordaire. L'œuvre est du réalisme le plus pur.

Vous le savez, les Frères de la Passion ont des successeurs au dix-neuvième siècle. Ce sont des *impresarii* qui vont jouer le drame sacré à travers les foires des trente-sept mille communes de France. Un de ces automnes, nous sommes allés les surprendre à la Foire de Saint-Cloud, où ils se tenaient, à l'entrée du parc, entre la baraque des sauvages Galibis et celle d'une somnambule qui devient lucide à raison de dix centimes. Arrangée à la manière de Shakespeare, c'est-à-dire avec mille soubresauts et plus de trente changements à vue, la pièce possède au plus haut point le charme de la variété. L'apparition de l'ange à Marie, Joseph et la Vierge à

Bethléem cherchant une hôtellerie et réduits à se retirer dans une étable, les trois Rois mages, guidés par l'étoile miraculeuse, pour apporter à l'Enfant l'or, la myrrhe et l'encens, le féroce Hérode ordonnant le massacre des Innocents, la Sainte Famille s'enfuyant en Égypte au moyen d'un ânon, voilà cinq tableaux, tous copiés sur les chefs-d'œuvre des maîtres. — Jugez de l'ensemble par ce que je viens de dire.

Il va sans dire que les acteurs sont en bois, raison pour laquelle on peut dire sans hyperbole qu'ils sont admirablement faits au tour par un tourneur d'Italie. Au fond des coulisses se dissimulent le directeur du théâtre, la directrice et leur fils, éphèbe qui donne les plus belles espérances. C'est le cas de dire que ces trois personnes connaissent à fond l'emploi des *ficelles dramatiques*, car c'est au moyen de ficelles, habilement remuées, qu'ils font mouvoir la pièce entière. Mais ce qu'il y a encore de plus remarquable dans cette baraque, c'est la littérature qu'on y sert en public.

Tout plein des impressions que m'avait laissées le tableau de Munkacsy, j'ai retenu surtout un fragment de la scène qui se rattache au procès de Celui que Bossuet appelle le *Divin révolté*.

Questions et réponses, c'est à mettre sous verre.

Des soldats amenaient Jésus devant le prétoire et Caïphe s'écriait :

Gardes, quel est ce bruit ? que veut-on à Caïphe ?
####### LES SOLDATS.
Nous amenons Jésus devant vous, grand pontife !
Nous le tenons enfin !
####### LE PEUPLE.
Qu'on le fasse mourir !
####### PILATE.
Il manque des témoins...
####### CAÏPHE, *vivement*.
Qu'on en fasse venir !
####### PILATE.
On n'en peut pas trouver !
####### CAÏPHE.
Il faut bien qu'on en trouve !...
Mais cachons dans mon cœur la rage que j'éprouve.
(*à Jésus*).
Comment vous nomme-t-on ?
####### JÉSUS.
Je m'appelle Jésus,
####### CAÏPHE.
Votre état ?
####### JÉSUS.
Charpentier, mais je n'exerce plus...

Il n'exerce plus, il court tout le long d'Israël, sans domicile, sans moyen d'existence, à la tête de douze autres va-nu-pieds, d'anciens pêcheurs du lac de Tibériade. Ainsi, c'est un vagabond de la plus belle eau. Premier délit. Autre chose, il fait des miracles, change l'eau en vin, multiplie les pains tout cuits et les poissons frits, sans beurre, sans huile et sans poêle à frire, rien qu'en imposant les mains. Il tire les morts du tombeau ; il leur dit : « Marchez, » ils ramassent leurs béquilles et ils marchent. C'est donc un magicien, en commerce avec Béelzébuth. Second délit. Troisième crime, le plus grand de tous : il touche à la politique courante, affirme que le temps est venu où les premiers seront les derniers, où il est plus difficile à un riche de sauver son âme qu'à un câble de passer par le trou d'une aiguille et, finalement, que lui-même est le fils de Dieu, ce qui fait que, deux ou trois fois, le peuple a été tenté de le proclamer roi des Juifs. N'en est-ce pas assez pour qu'on lui fasse son procès ?

UN TÉMOIN.

Aux noces de Cana, cet homme à l'œil divin
A changé sous nos yeux l'eau fade en très bon vin.

CAÏPHE.

Si ça se propageait, messieurs nos rats-de-cave
Ne pourraient pas toucher une petite rave.

Autrement dit : en fait d'impôts des boissons, l'État n'aurait plus un radis.

Ce qui concernait le principal délit était exprimé en vers qu'on ne désavouerait pas à l'Odéon :

CAÏPHE.

Jésus de Nazareth, voyons, écoutez-moi :
Ne leur avez-vous pas dit que vous étiez roi ?
Répondez nettement, dans un très clair langage,
Oui ou non, c'est-il vrai ? Répondez sans ambage.

JÉSUS.

Il est vrai ; en voyant le peuple rassemblé
Plus serré que ne sont les épis dans un blé,
J'ai dit, en lui montrant la demeure céleste :
— Je suis le Fils de Dieu ; je suis roi.

CAÏPHE.

C'était leste.

Il y avait encore des scènes remarquables et de beaux passages. Par exemple, en guise de leçon pour les masses démocratiques, quand il s'agit, à propos des fêtes de Pâques, de demander aux citoyens de Jérusalem de désigner celui des condamnés à mort qu'ils désirent voir gracier ; le mouvement est rapide et fait bien comprendre que les prédilections des masses sont plus volontiers formulées en faveur des indignes.

CAÏPHE, *au peuple*.

Lequel voulez-vous donc arracher au trépas
Du voleur ou du dieu ?

VOIX DU PEUPLE.

Nous voulons Barrabas !

Il serait difficile de traduire avec plus de concision et de rapidité le : *Date nobis Barrabam!* des Évangiles. — Je viens de parler de la contexture de ce poème étrange. Ce qui reste à dire, c'est que les fantoches qui jouent dans la Passion sont de fort belles marionnettes, très bien vêtues à l'orientale et ont tout ce qu'il faut pour produire un très grand effet sur l'œil des spectateurs.

Après la représentation, qui, je crois, à raison de dix centimes par tête, avait rapporté douze francs soixante-dix centimes au théâtre, je voulus avoir une minute d'entretien avec l'*impresario* qui dirigeait ce spectacle.

— La Passion de Notre-Seigneur est une belle pièce, lui dis-je, mais toujours la Passion, cela finit par devenir monotone. Est-ce que vous ne renouvelez jamais votre spectacle?

— Si, monsieur, mais, quand cela arrive, je ne le fais qu'à contre-cœur.

— Je comprends. Vous tenez à entretenir dans le public les étincelles de la foi chrétienne.

— Monsieur, vous n'y êtes pas, reprit-il. La vérité, c'est qu'en France, il faut le moins possible déranger les habitudes ou s'écarter de la routine, comme on voudra. Tenez, j'ai eu, une fois, la funeste pensée de varier mon affiche. J'ai donc monté à grands frais la *Tour de Nesle*, de

M. Alexandre Dumas, drame superbe, n'est-ce pas? Il ne m'a pas fallu moins de cinquante francs pour changer les décors et aussi pour mettre à mes acteurs d'autres costumes. Ah ! sans doute, la *Tour de Nesle* est un ouvrage intéressant. Mais ça ne plaisait qu'aux raffinés. Voilà pourquoi je ne l'ai guère représenté que dix mille fois environ, à raison de dix représentations par jour. La *Passion de Notre-Seigneur*, au contraire, ça charme toujours la ville et la campagne. Je la joue toujours et elle fait toujours recette.

Il ajouta ici une confidence assez curieuse au point de vue anecdotique.

— Une fois, dit-il, c'était en 1855, nous nous trouvions en pleine Bourgogne, à Mâcon, sur la grande place de la ville. Au milieu des autres spectateurs entra un vieillard de haute taille, maigre, pâle et fier. Il me jeta une pièce blanche dans la main. J'ai su depuis que ce n'était autre que M. de Lamartine. Se serait-il dérangé pour venir voir la *Tour de Nesle?*

J'avoue que cette révélation de l'*impresario* me rendit rêveur.

XIX

LES MOTS QUI PASSENT. — LES MOTS QUI VIENNENT.

Un fait certain : Paris ne parle jamais vingt ans de suite la même langue. On peut dire qu'il change de grammaire plus souvent qu'un Gascon ne change de chemise.

Vous savez l'ahurissement d'un touriste de la Grande-Bretagne en entendant parler nos charmants compatriotes.

Un jour, en déjeunant à Tortoni, à deux pas de lui, il voit deux jeunes gens de très bel air, cols cassés, lorgnon d'or à l'œil, têtes brunes coupées en deux par la raie du coiffeur.

Nos deux petits messieurs s'entretenaient du premier succès d'Alexandre Dumas fils au Gymnase.

Par conséquent, il s'agissait de *Diane de Lys*.

— A la bonne heure ! s'écriait l'un d'eux sur le ton de l'enthousiasme, voilà de la vraie littérature dramatique ; c'est rond, ce succès-là !

Le lendemain, notre Anglais s'absente ; il quitte l'Europe ; il fait le tour du monde ; il s'arrête au Congo ; il se marie à Ceylan, puis, au bout de quinze ans, il revient à Paris, accompagné de sa jeune épouse.

Pour faire connaître la capitale à la jeune femme, il la conduit partout, à la ville, au théâtre, dans les musées.

Un matin, il l'emmène déjeuner à Tortoni.

A deux pas d'eux, à une table presque contiguë, sont assis deux jeunes gens de très bel air. Ceux-là aussi sont vêtus à la mode du jour ; ils ont de même un lorgnon d'or à l'œil. Le coiffeur en vogue leur a soigneusement coupé la tête en deux par le moyen d'une raie du plus beau style.

Ils causent en mangeant des radis roses, et ils causent de la reprise de *Diane de Lys*, la jolie comédie d'Alexandre Dumas fils, qu'on joue derechef au Gymnase, au milieu des bravos du public.

— A la bonne heure ! s'écrie l'un d'eux sur le ton du lyrisme le plus élevé ; voilà du vrai théâtre. C'est carré, ce succès-là !

— Comment! Mais il y a quinze ans, c'était rond; à présent, c'est carré.

Qu'est-ce que ça veut dire?

L'étonnement de l'insulaire, nous l'éprouvons tous plus ou moins à chaque instant, tant les mots qui forment le tissu du langage usuel sont variables.

Que de mots qui nous arrivent je ne sais d'où! Que de mots, par conséquent, qui passent et qui s'en vont je ne sais où!

Vingt fois, en ce siècle, on aura varié les étiquettes qu'on met sur les femmes, que Gavarni dessinait si bien en 1840, et que Grévin fait, de nos jours, si bien tomber de la pointe de son crayon.

Sous la Restauration, c'était la femme aimable; — sous Louis-Philippe, la lorette; — sous la seconde République, la boule-rouge; — sous la Présidence, la musardine; — sous l'Empire, le chignon doré; — à présent, on commence à dire : *la boudinée*.

Pourquoi *la boudinée*? Demandez à ceux qui font, défont et refont sans cesse le glossaire des boulevards.

Quant au masculin de la dite dame, il n'a pas, vous le supposez bien, passé par moins de transformations.

Sous l'Empire, c'était le mirliflor; — sous la

Restauration, le fashionable ; — sous Louis-Philippe, le dandy ; — sous le second Empire, le cocodès ou le col-cassé. — A présent, ainsi que je vous le disais tout à l'heure, pour le genre féminin, c'est *le boudiné*.

Par moments aussi, on ne sait pourquoi, ni comment, les boulevardiers se mettent tout à coup à rajeunir des mots vieux comme les vieilles rues, mais en leur donnant un sens tout moderne.

Tel est pour le quart d'heure le mot *type*.

Jadis, sous Louis XIV, dans La Bruyère et dans La Rochefoucauld, le mot *type*, suivant l'étymologie grecque, voulait dire :

« Caractère, portrait original, figure fortement tracée. »

En 1884, les petites dames en font presque le synonyme de pante (dupe) ou de gogo (même signification).

De là, ce dialogue entre deux soupeuses de chez Brébant :

— Avec qui as-tu passé ta soirée ?

— M'en parle pas : avec deux types qui m'ont embêtée à cent francs par tête.

De tout temps, on avait considéré les critiques comme les conservateurs du Dictionnaire national ; c'étaient des Vestales en moustaches chargées de garder le feu sacré. Les critiques ! Faut-il donc s'en rapporter à ce qu'ils écrivent. Tenez, vous allez voir! A propos d'*Odette*, comédie de M. Victorien Sardou, représentée au Vaudeville, l'un d'eux dit, dans son feuilleton : « *L'adultère est le nœud de l'action.* » Eh bien, le nœud, voilà qui est formel. Le même jour, vous en lisez un autre avant de comparer, et voici ce que vous dit cet autre : « *Le clou de la pièce, c'est l'adultère.* »

Pour les journalistes d'à présent, le nœud et le clou sont donc le même mot.

Langue de Voltaire, où vas-tu?

— Où va la langue de l'auteur de *Candide?* — Attendez un peu, et vous allez voir.

Un jour, en 1853, Alfred de Musset demande à parler à M. Empis, alors directeur du Théâtre-Français.

Pour être introduit, il s'adresse à l'un des garçons de bureau, nommé Lachaume.

Orné de sa chaîne d'argent, Lachaume se présente devant M. Empis.

— Monsieur le directeur...

— Quoi? Qu'y a-t-il?

— Eh bien, c'est M. Alfred de Musset.

— Faites entrer M. Alfred de Musset.

— Mais, monsieur le directeur...

— Quoi donc?

— C'est qu'il a *son petit jeune homme*.

— Qu'est-ce que ça fait, Lachaume? Faites entrer M. Alfred de Musset avec son petit jeune homme.

Le plus piquant de l'histoire, c'est que M. Empis ne savait pas ce que voulaient dire ces mots : *Avoir son petit jeune homme.*

UN GRAMMAIRIEN. — Eh bien, *avoir son petit jeune homme*, qu'est-ce que ça veut dire ?

UN PHILOLOGUE. — C'est *avoir son plumet.*

LE GRAMMAIRIEN. — Bon! Me voilà bien avancé! Qu'est-ce qu'*avoir son plumet ?*

LE PHILOLOGUE. — Monsieur, *c'est être paf.*

LE GRAMMAIRIEN. — De mieux en mieux. Qu'est-ce donc *qu'être paf ?*

LE PHILOLOGUE. — Selon le *Dictionnaire de la langue verte*, le mot se dit de *ceux qui se piquent le nez.*

LE GRAMMAIRIEN. Je ne comprends toujours pas.

LE PHILOLOGUE. — Eh bien, traduisez : *Ceux qui se saoulent.*

LE GRAMMAIRIEN. — Pour le coup, j'y suis.

Ce dialogue en rappelle un autre, non moins curieux qui a eu lieu, un soir du commencement du second Empire, au foyer de ce même Théâtre-Français dont il vient d'être question.

Pendant un entr'acte de *Mademoiselle de la Seiglière*, la jolie comédie de Jules Sandeau, un nouvelliste un peu effaré entra et, après s'être faufilé à travers les groupes d'auteurs, de comédiens et de journalistes, il annonça un événement de date toute fraîche : la mort de M. Casimir Bonjour, employé à la Banque de France et auteur des *Deux Cousines*. — Le fait, très indifférent aux yeux de tous ceux et de toutes celles qui se promenaient là, fut bientôt commenté dans les formes que voici :

BEAUVALLET, *d'une voix tonnante*. — Le pauvre homme ! Comment ! *il a claqué ?*

ARSÈNE HOUSSAYE. — Mon Dieu, oui, *il a dévissé son billard*, comme on dit à la cour.

MADEMOISELLE AUGUSTINE BROHAN. — Vous vous trompez, mon cher directeur. La locution dont vous venez de vous servir étant déjà au rebut n'est plus usitée que chez les honnêtes gens. A la cour de Napoléon III, on dit maintenant : *Il a remercié son boulanger*.

MADEMOISELLE DELPHINE FIX. — Aujourd'hui, c'est possible, mais aujourd'hui passe toujours avec la rapidité de l'éclair. Demain, l'on dira : *Il mange de la salade par la racine*.

Pour expliquer ce débordement d'argot faisant irruption dans la maison de Molière, il faut rappeler que cette manifestation coïncidait avec la publication d'un récent arrêté de M. Achille Fould, alors ministre d'État. En voyant que l'idiome des bagnes et des tapis-francs se mêlait de plus en plus aux diverses pièces qu'on jouait

alors sur les trente théâtres de Paris, l'Excellence déclarait que le gouvernement de l'empereur, ne voulant pas être complice de ces forfaits littéraires, prohibait l'emploi de cette dégradante lexicologie et ordonnait à la commission de censure d'arrêter au passage tout manuscrit qui serait entaché de ces tares anti-grammaticales. Comme en ces sortes de choses l'exemple devait venir de haut, l'injonction était plus accentuée pour la Comédie Française. Mais personne n'ignore que l'endroit a toujours été et ne cessera jamais d'être un foyer d'indiscipline, soit dit sans jeu de mots. Aussi, à peine l'arrêté du ministre d'État était-il promulgué, que tragédiens et comiques des deux sexes se mirent à le persifler en affectant de parler la langue verte. Au reste, le mouvement d'opposition était le même parmi les auteurs dramatiques. Ce fut, en effet, afin de contrecarrer le plus possible la décision de M. Achille Fould que Siraudin et Delacour écrivirent à cette époque un vaudeville intitulé :
— *M. le Sac et Madame la Braise.*

XX

DARCIER

— Ah! si ce sacré animal de Darcier voulait mettre un peu d'eau dans son vin, un peu de prose dans son lyrisme, quel grand chanteur ce serait !

Voilà ce que disait Pierre Dupont, le poète des *Louis d'or*, en 1848.

Si Darcier avait voulu, mais Darcier, qui était l'indiscipline même, ne voulait. Vrai bohème, il n'obéissait qu'à son caprice. Il n'a jamais eu d'autre loi que la fantaisie.

Dans les jours sombres qui ont suivi la Révolution de Février, les théâtres ne trouvaient plus de public. On allait au club ou bien on se mêlait aux groupes en plein air. Le drame était dans la rue.

Tout à coup, un acteur sans engagement eut une idée. Cela consistait à créer un établissement qui serait tout à la fois un club et un théâtre, une salle de concert et une rallonge du café. Voilà comment fut fondé ce qu'il y a trente-cinq ans, les Parisiens d'alors appelaient l'Estaminet lyrique.

Cet établissement était situé à la naissance du passage Jouffroy, à l'endroit même où se trouve en ce moment le Dîner du Rocher. Imaginez une très grande salle. Tous les soirs, on y voyait fonctionner deux ou trois cents pipes endiablées, pendant qu'à l'une des extrémités, cachés dans la fumée odorante du tabac, s'époumonnaient sur un petit théâtre, et aux maigres sons d'un piano, six ou sept chanteurs ou cantatrices voués à la romance, encore très demandée dans ces temps naïfs. On ne faisait guère attention à eux et à elles. Le bruit des conversations couvrait leurs voix. Auraient-ils été de force à lutter contre le choc de la demi-tasse et de la petite cuiller? Mais vers neuf heures et demie, lorsque la foule et la fumée étaient compactes, pour peu qu'on eût bon œil, on voyait tout à coup apparaître un homme étrange. A l'aspect de ce nouveau venu, le silence s'improvisait. Les pipes les plus actives s'éteignent. Le garçon de café s'arrête, ses bouteilles à la main, semblable à Sisyphe oubliant de rouler son rocher. La Proserpine du comptoir dit un mot et les promeneurs sentent leurs jambes frappées d'immobilité :

— Voilà Darcier, messieurs !

Inconnu, la veille, ce Darcier est devenu célèbre en vingt-quatre heures. Sa figure exprime déjà le caractère du personnage dont il va vous chanter la sombre, ou naïve, ou lamentable histoire. Il est en scène, il agit, il gesticule, il parle en chantant, mais avec une telle verve, une telle profondeur de sentiment, une passion si vraie, si exubérante, en entremêlant son chant d'ornements si extraordinaires, de notes si imprévues, de cris sauvages, d'éclats de rires, de mélodies désolées, de sons étouffés, tendres, délicieux, qu'on se sent pris, ému, bouleversé, et qu'on en vient à pleurer ou à rire de tout son cœur. Darcier est un artiste. Il faut l'avoir vu et entendu pour y croire et s'en faire une juste idée. Ses allures sont du Bohémien pur sang ; il en a la voix et le geste. Après avoir électrisé sa salle par la légende des *Louis d'or*, l'avoir attendrie jusqu'aux larmes en chantant le *Départ du Conscrit*, il vient boire une chope de bière et fumer une pipe à l'une des tables du café, comme un simple mortel. Et on l'accueille, et on le choie, on l'étourdit de bravos, on l'écrase d'applaudissements, on dirait d'un vrai dieu du Grand-Opéra. Darcier est en outre bon musicien, malgré l'habitude qu'il a prise de traiter la mesure et le rythme à grandissimes coups de pieds ; on le voit quand il se met au piano, on le voit même dans la manière hardie avec laquelle il désarticule une mélodie.

Hâtons-nous de dire qu'il a eu une éducation musicale des plus soignées. Delsarte, celui qu'on a surnommé le *Grand Delsarte,* a été son maître. Et c'est toute une jolie histoire à vous raconter. Nous la tenons, s'il vous plaît, de Darcier lui-même. A l'âge de douze ans, il se trouvait, un jour, je ne sais pourquoi ni comment, dans une église dont Delsarte dirigeait les chœurs. L'enfant fut frappé par l'accent profond de certaines notes du maître. Il alla l'attendre à la porte de l'église, et l'abordant tout ému, sa casquette d'écolier à la main :

— « M'sieu, lui dit-il, je n'ai pas de voix ; mais si vous vouliez... si vous vouliez me donner des leçons, je crois que je chanterais aussi tout de même. »

Ce véritable gamin de Paris, il avait une fort jolie voix, au contraire ; mais il croyait nécessaire de n'en pas avoir pour bien chanter.

— « Eh bien, mon ami, répondit l'habile et savant professeur, viens me voir, je te prends pour élève. Tu m'as tout l'air d'avoir raison. »

Delsarte, en effet, lui apprit la musique et le

chant. Quand vint l'âge de la puberté, il lui défendit de chanter jusqu'à la mue complète de sa voix ; Darcier ne tint compte de la défense, et gâta, probablement un organe qui, tel qu'il est, a pourtant encore du charme et de la puissance, sinon de la fraîcheur. Puis il prit sa volée en province, où, tout en mettant en action le *Roman comique* de Scarron, il devint passé maître en fait d'armes ; il donna, indifféremment, des leçons de bancal, d'espadon, de latte, d'épée, de bâton, de savatte ou de piano. Revenu à Paris, la Révolution du 24 Février l'a grisé. Ce mouvement démocratique, ses poètes, tous sortis du peuple, ce peuple qui fait l'effet d'un Lazare soulevant la pierre de son sépulcre pour vivre à son tour de la vie politique tout autant que les nobles et les bourgeois, oui, tout cela l'a enivré, au plus haut point. On l'a appelé dans un vulgaire bouiboui, dans un Estaminet lyrique, le prototype des cafés-concerts et il a fait la fortune de cet établissement qui, du reste, le payait fort cher. Darcier, d'ailleurs, était déjà apparenté au théâtre, étant le frère de mademoiselle Darcier, l'étoile de l'Opéra-Comique d'alors. Meyerbeer, Rossini, Auber, Adolphe Adam, Duprez, Roger toutes les célébrités musicales ont voulu aller l'entendre.

Mieux que ça, il avait autour de lui une couronne de rapsodes pour lui faire un répertoire. J'ai déjà nommé Pierre Dupont, fort popularisé, la veille, par la chanson des *Bœufs* que le théâtre des Variétés donnait en intermèdes. Il y avait là aussi Gustave Mathieu, l'auteur de *Jean Raisin*, Édouard Plouvier, l'auteur du *Chevalier Printemps*, et Charles Gille, celui auquel on doit les strophes martiales du *Bataillon de la Moselle*.

Des peintres, aussi, pour être au courant de l'actualité, pour être dans le mouvement, comme on dit de nos jours, vinrent voir et entendre. Plus d'un jeta sur son calepin aux esquisses, cette tête expressive au front bombé et comme taillé à facettes, aux yeux noirs et profonds, enchâssés sous des sourcils mouvementés, se plissant à volonté. Dès les premiers jours, en analysant surtout la bouche autoritaire aux lèvres sensuelles et frémissantes, ombragées d'une fine moustache brune, les spectateurs intelligents sentirent d'instinct, avant que l'artiste n'eut dit un mot, qu'ils allaient avoir affaire à quelqu'un.

Je suis allé à l'*Estaminet lyrique* comme tout le monde.

Darcier chanta d'abord : *Mam'zelle Marie*, un petit drame d'amour qui fit pleurer la salle. Après l'idylle sentimentale, il revint comme transfiguré, et tous les cœurs frissonnèrent au chant large et terrible de Pierre Dupont : *Le Pain*.

A chaque strophe, les applaudissements redoublaient d'intensité. Aux derniers vers du refrain :

> Car c'est le cri de la nature :
> Il faut du pain ! Il faut du pain !

L'enthousiasme devint de la frénésie.

Qu'on me laisse le répéter.

Le lendemain, Darcier était célèbre, et Hector Berlioz écrivait, dans son feuilleton des *Débats*, qu'il faudrait « un parterre de rois pour l'applaudir, s'il y avait encore des rois. » Cela se passait au moment des révolutions d'Autriche, de Prusse et d'Italie.

Pour notre compte, nous croyons fermement que les têtes couronnées lui auraient répondu comme le général Cavaignac, à une soirée de la rue de Varennes :

— Monsieur Darcier, c'est sublime ! Mais je ne vous laisserais pas chanter *le Pain* dans les faubourgs.

Lazare Hoche a pacifié la Vendée ; le général Cavaignac, lui, s'était donné pour tâche patriotique de pacifier les rues de Paris si cruellement troublées à la suite de la Révolution nouvelle. Il était tout simple que l'illustre soldat empêchât cet autre Therpandre de promener ses accents d'insurgé à travers les quartiers du travail et de la misère.

— Que voulez-vous ? cette cantate du *Pain*, quand elle passait par la bouche de Darcier, elle devenait presque un signal de guerre civile !

— Ces vers-là, disait Antoine Fauchery, ils empaumeraient même les aides-de-camp de *Changar*. (Diminutif du nom de Changarnier.)

Au fait, cette sorte de prophétie se réalisa pleinement.

En 1849, Cavaignac était renversé et Changarnier tout puissant. Après l'échauffourée du 13 juin qu'il avait réprimée si aisément, puisqu'il n'y avait eu ni armes ni résistance, lui et ses officiers se promenaient en vainqueurs tout le long des boulevards. Cependant l'estaminet républicain du passage Jouffroy, qui était resté fermé quatre jours, obtint du préfet de police Carlier l'autorisation de rouvrir ses portes, à la condition qu'on n'y chanterait que des couplets anodins. Les officiers campés sur les boulevards, devant le Gymnase, ayant eu vent de la bonne aubaine, encombrèrent la salle.

A la vue des pantalons rouges, Darcier, qui ne les aimait guère alors, dit à son accompagnateur dans le petit salon qui précédait la galerie :

— Tu vas m'accompagner *Le Pain*.

— Y penses-tu ! Tu es fou ?...

— F.... moi la paix, tu vas voir !...

Aux premières mesures de l'air, les habitués

se regardèrent avec étonnement, n'en pouvant croire leurs oreilles.

Le premier couplet s'éteignit dans un ouragan de bravos. Mais après le second, ce fut un vrai délire.

> La faim arrive du village,
> Dans la ville, par les faubourgs.
> Allez donc lui barrer le passage,
> Avec le bruit de vos tambours !
> Malgré la poudre et la mitraille,
> Elle traverse à vol d'oiseau
> Et, sur la plus haute muraille,
> Elle plante son noir drapeau.
>
> On n'arrête pas le murmure
> Du peuple quand il dit : J'ai faim !
> . . . .
> . . . .

— Sacré nom de Dieu ! que c'est donc empoignant ! s'écriait un vieux capitaine de l'armée d'Afrique en frisant ses moustache grises.

Tous ceux de ses camarades qui se trouvaient près de lui tenaient le même langage.

Darcier était le premier à s'étonner de cette attitude si adoucie de ceux qu'il regardait comme des *soudards*. — Ah ! ça, d'où venait leur enthousiasme ? Pourquoi tant de mansuétude ? A la vérité, sans s'en douter, Darcier avait grandi de cent coudées. Chaque note sifflait comme une flèche aiguë décochée en pleine poitrine de ses nouveaux auditeurs. La phrase éclatait comme un défi ; le refrain retentissait comme une menace terrible et prophétique : c'était superbe !

Eh bien ! malgré ses yeux fulgurants, en dépit de son geste provocateur, la puissance de fascination du diseur fut telle, qu'à la fin, lieutenants, capitaines et commandants se levèrent affolés, grisés, galvanisés et, trouvant leurs battements de main d'une sonorité douteuse, se mirent à applaudir furieusement du fourreau de leurs sabres sur les tables de marbre dont la plupart furent brisées.

Darcier seul n'était pas content, car nous l'entendîmes murmurer en mordillant sa moustache, de révolté vaincu :

— Allons, bon ! J'ai fait four ! Moi qui croyais qu'ils allaient me siffler. Voilà que ces gredins-là m'applaudissent ! Tonnerre de Dieu, je n'ai pas de veine !

Ce triomphe était si éclatant, si réellement persifleur que la haute presse s'en inquiéta et voulut s'y mêler. Jules Janin, qui l'ignore ? fort ami du vieux roi récemment chassé par le peuple, était l'un des plus hostiles à la Révolution du 24 Février. De ce grand fait historique, inévitable conséquence de 89, il détestait tout, sa devise, son nom, ses auteurs et l'art qui résultait de cet odieux ensemble, odieux pour lui, bien entendu. Aussi n'aimait-il pas les manifestations du passage Jouffroy, mais après tout, comme son métier de rédacteur du *Journal des Débats* lui faisait une loi de parler de tout ce qui se passait alors dans le domaine du théâtre, du chant, de la musique, de l'art, il fallait bien qu'il parlât, lui aussi, de ce ténor du peuple qui était armé du don de transformer en tendres agneaux de Florian même les aides de camp de Changarnier. Or, voici ce qu'il en disait :

... Darcier chante et il joue tout ce qu'il chante ! Vous lui donnez un couplet, il fait un drame ! d'une chanson il fait une élégie ! Il a la voix, l'accent, la démarche d'un comédien, et dans tout ce qu'il déclame, et dans tout ce qu'il chante, on reconnaît Delsarte ; Delsarte moins grand, moins éclatant, moins pur ; Delsarte encore cependant par la vérité, par l'émotion, par le drame.

En vingt-quatre heures, ce Darcier, qui débutait dans un estaminet grand comme le parterre de l'Opéra, au bruit des bouchons de la bière de mars, au milieu d'un épais nuage de tabac, les verres s'entre-choquant, et les esprits occupés à parler quelque mauvaise politique de malheur, ce Darcier est devenu populaire, populaire autant que Frédérick Lemaître, autant que Duprez ou mademoiselle Rachel ! Il paraît, soudain la pipe s'éteint, le cigare inerte reste aux lèvres de l'auditoire ; la bière même oublie toutes les lois du bouchon qui part et de la mousse qui siffle ; tout se tait, et, bouche béante, cette assemblée de buveurs, de politiques et de fumeurs se met à écouter l'élève de Delsarte.

Ce que chante Darcier ? Il chante tout ce qui se chante et tout ce qui ne se chante pas : des barcaroles, des chansons d'amour, des chansons de guerre, du Gluck ou du... Darcier; car il compose tant bien que mal toutes sortes de mélopées sous lesquelles il déguise sa propre déclamation. Ce qu'il dit le mieux cet homme d'une si vive intelligence, ce qu'il sait le mieux, ce sont les poèmes de Pierre Dupont.

Pierre Dupont, autre point d'arrêt pour Jules Janin. Puisque tous deux, à trente ans de distance, étaient venus à Paris des bords du Rhône, ils étaient compatriotes, et c'était une raison pour que l'auteur de *Barnave* parlât de l'auteur des *Bœufs*.

Certes, ce Pierre Dupont n'est pas un des nôtres, il a écrit et noté la *Marseillaise de la Faim*, il s'est fait le chantre de toutes les misères, de toutes les douleurs, de toutes les vengeances ; plus d'une fois sa strophe brûlante et mouillée de larmes a allumé l'incendie dans ces âmes ignorantes, ouvertes à toutes les impressions de clubs, de banquets, de révoltes et de révolutions.

En un mot, ce Pierre Dupont, tel qu'il est, poète, musicien, chanteur, nous paraît un des dangers de ces temps malheureux; pourtant nous n'avons pas hésité à proclamer cet homme un musicien et un poète que la popularité ira prendre avant peu.

Il écrit lui-même les paroles de ses chants douloureux, et quand son poème est écrit, il cherche, en chantant, jusqu'à ce qu'il ait trouvé une mélodie qui s'accommode à sa pensée! Cette mélodie, qu'il fait écrire par un tiers, car Pierre Dupont ne connaît pas une note de musique, est ordinairement peu compliquée et facile à retenir; elle s'entoure de refrains et de chœurs destinés à courir les rues et les carrefours. Cherchez, et vous trouverez dans chacune de ces compositions empreintes de souffrances je ne sais quelle colère cachée, quelle ironie et quelle fureur qui éclatent peu à peu en sombres et lugubres harmonies!

Oui, cet homme est un danger, mais cet homme est un talent, et, qui mieux est, un honnête talent; car ce poète-musicien, même dans ses moments de révolte, n'oublie jamais de s'entourer des calmes paysages, des doux aspects, des fraîches senteurs de la campagne.

Pierre Dupont, si on le laisse faire, fera plutôt la chanson du village que la *Marseillaise* de la ville; il s'adresse aux laboureurs à la charrue beaucoup plus qu'aux ouvriers à leurs métiers. Les femmes, les vieillards, les jeunes filles, les amoureux, les enfants jouent leur rôle de paix et de conciliation dans ces petits drames à demi mystiques; et si trop souvent la colère s'élève inattendue du milieu de ces concerts, du moins cette colère n'est pas cherchée; elle est vraie, elle est simple, elle est déchirante.

Jules Janin finissait ce dithyrambe en racontant un épisode fort curieux de la vie mondaine de ce jeune poète venu des champs du Forez. Trois hivers avant le 24 Février, un peu avant minuit, plusieurs membres du Jockey-Club, le jeu fini, à demi couchés près du feu, s'abandonnaient à la rêverie, repassant les pertes, le gain, l'oisiveté et les passions de la journée, lorsque Pierre Dupont, sans se faire annoncer, debout au milieu de ces salons splendides, le chapeau sur la tête, se mit à chanter d'une voix vibrante la *Marseillaise de la Faim!* C'est quelque chose de lugubre, cette faim ; c'est une complainte terrible, funeste ! On la chante partout, et le peuple la sait par cœur ! La mansarde la chante aussi bien que l'atelier, la prison la chante et aussi l'hôpital ! Pierre Dupont un peu élève de Darcier dans la circonstance, la disait de manière à donner le frisson à ses auditeurs. — Du pain ! du pain ! du pain ! Ces jeunes gens l'écoutèrent en silence. Peu à peu ils se levèrent pour lui faire honneur, et enfin ils le prièrent de chanter encore. Alors, pour les remettre de tant d'émotions, il chanta la *Vigne*, la chanson que Darcier a chantée aussi, mais en riant.

Les plus grands succès du chanteur de l'Estaminet lyrique, furent : *Diogène, la Vendange, la Vigne, les Louis d'or, la Musette neuve, la Fée des Bruyères, l'Ange exterminateur, le Bohémien, la Chasse du peuple, le Bataillon de la Moselle, la Trente-deuxième, les Matelots du grand trois-ponts, le Beau Nicolas, les Doublons de ma ceinture, la Vache blanche* et *Jean Raisin* qui fit fermer la salle Martel.

De même que tous les hommes célèbres de Paris moderne, Darcier a sa légende, et celle-là est abondamment bourrée de faits, de mots, d'anecdotes. Entre autres particularités curieuses,

Étienne Carjat, un de ses amis, a narré le trait qui suit, fort caractéristique de l'homme.

S'il aimait la musique, il avait encore plus de goût pour la gymnastique. Le jour où, devant quelques amis — après avoir longuement répété dans le silence du cabinet — il porta, les bras tendus, un poids de *cinquante* sur chaque main, fut, sans contredit, un des plus beaux de sa vie.

Le parquet de son salon était à moitié défoncé par les poids et haltères. Si faible que l'on fût, il fallait bon gré, mal gré, s'exécuter et *soulever* quelque chose sous peine d'être éconduit honteusement : « Un homme fort peut tout ce qu'il veut, disait-il souvent. »

Son admiration pour Triat était sans bornes. Il entend dire un jour que le célèbre gymnaste enlevait l'haltère de 200 livres. Il veut s'assurer du fait *de visu*, se rend avenue Montaigne et dit au professeur en lui montrant les deux boulets de fonte :

— Vous soulevez ce joujou-là ?
— Parfaitement.
— Elle est raide...
— En douteriez-vous ?...
— Non, mais... je voudrais... voir.
— Soit. Faisons une gageure.
— Laquelle ?...
— Je vais essayer d'enlever l'haltère dans les

règles, mais si je réussis, en échange, vous me chanterez quelque chose ?...

— N. de D. ! Si vous faites ça, tout ce que vous voudrez. Vous avez un piano ?...

— Oui, là-haut, au premier.

— C'est dit, allez-y.

Triat retrousse ses manches, se baisse, empoigne la lourde masse, et après l'avoir — en observant tous les temps — soulevée au-dessus de sa tête, la lance au loin dans l'arène où elle va s'enfoncer dans le sable.

Darcier, qui avait suivi tous ses mouvements avec une angoisse admirative, n'y peut tenir. Dompté, il court à lui, serre ses mains, l'embrasse et lui dit d'une voix étranglée par l'émotion :

— Vous êtes un rude lapin ! Montons. C'est à mon tour, vous allez voir !...

Et souriant, radieux, leste et souple comme un jeune chat, il grimpe l'escalier, ôte son habit, son gilet, fait sauter le bouton du col de sa chemise, se met au piano, et pendant toute la nuit, admirable, tragique et comique à la fois, chante comme il n'a jamais rechanté depuis.

Darcier était en bon chemin pour avoir toujours du succès. Il avait une manière, un nom, un avenir. On l'appelait dans les salons. On cherchait à l'attirer au théâtre, où il pouvait prendre une place à part. Efforts perdus! Après le 2 décembre, il a disparu dans la pénombre et il a été peu à peu oublié. Ce n'est plus qu'en 1881 qu'il a été question du chanteur. Ses amis, le sachant dans la détresse, ont voulu venir à son aide en organisant une représentation théâtrale extraordinaire à son bénéfice. Cette soirée a eu lieu le 10 février, au théâtre de la Gaîté. La recette était rondelette et assez forte pour tirer l'artiste d'embarras. Darcier s'en est servi pour vivre près de trois ans. On sait qu'il est mort au commencement de 1884.

Les journaux ont cité beaucoup de ses mots, souvent fort colorés, souvent salés, mais on est porté à croire que beaucoup de ces traits ont été fabriqués après coup, ainsi que cela arrive souvent à Paris pour les célébrités du théâtre et de la littérature. — Hélas! il ne restera rien de lui, pas même un mot!

XXI

LE JOURNAL AU THÉATRE

En 1848, parmi nous, gens de presse, gens de
théâtre, vivait un homme bizarre, suffisamment
spirituel, bien connu dans Paris pour avoir
donné, pendant vingt ans, mille et une preuves
d'un talent littéraire des plus raffinés. Sur la fin
de la Restauration, venu d'Auxerre, non pour
être comme Petit-Jean suisse d'Amiens, mais
pour vivre de la plume, on l'avait fait entrer
dans les journaux satiriques, c'est-à-dire dans
ceux dont la porte est toujours ouverte à tout
venant. H. de Latouche et Nestor Roqueplan, sur
la recommandation de Jules Janin, avaient distingué ce grand garçon blond, fantasque, joyeux
et dont le prénom était un nom de femme. Il
s'était alors escrimé avec une piquante acrimo-

nie dans le *Figaro* d'alors, celui de 1830 à 1835. Ces chiffres disent qu'il s'est trouvé là en bonne compagnie, avec Jules Sandeau et George Sand, avec Raymond Brucker, Léon Golzan, Félix Pyat, Alphonse Karr et quelques autres. Par intervalles, se sentant plus d'haleine qu'il ne faut pour écrire, tous les jours, cent lignes, il s'était élancé dans le roman. On sait que c'était, d'ailleurs, la forme à la mode. De là deux récits de lui qui ont disparu comme ont disparu dix mille autres : *Un Enfant*, d'abord, sorte d'autobiographie ; puis une théorie de lui, renouvelée de Molière : *Les Femmes vengées*. — Molière avait dit : « Les femmes sont ce que nous les faisons. » Lui disait : « Si les femmes mentent, c'est que nous leur apprenons à mentir. » Mais répugnant à signer ces œuvres de son nom de famille, non respecté en Bourgogne, il les avait estampillées du pseudonyme d'Ernest Desprez. La seule chose qu'il eût consenti à avouer, c'était un très joli recueil de Nouvelles d'une très grande fraîcheur de sentiment et de forme. Cela reparaîtrait en librairie sous ce titre : *Les jours heureux* par E. de Vaulabelle.

Éléonore de Vaulabelle, tel était, en effet, son vrai nom. Notez bien que c'était celui de son frère aîné, Achille de Vaulabelle, l'auteur de l'*Histoire des deux Restaurations*, futur ministre de l'Instruction publique sous la présidence du général Cavaignac. Un jour, dix ans avant 1848, prenant en dégoût le journalisme et le roman, deux spécialités où le talent se perdait sans donner de profit, il avait cédé au projet ambitieux d'aborder le théâtre. Il le fit donc et il le fit avec succès, mais dans le genre léger. Il y a été aidé, à la vérité, par des collaborateurs qui étaient des artisans chevronnés : MM. Cogniard, frères, A. de Comberousse, Alboize et Clairville. On se rappelle plusieurs de ses pièces. Les échos du Palais-Royal n'ont pas oublié *Les trois Dimanches*, une comédie qu'on a jouée cent fois de suite, chose assez rare, il y a trente ans. — Au théâtre, Éléonore de Vaulabelle s'appelait Jules Cordier.

En homme peu grave qu'il était, ce Bourguignon transplanté à Paris, ne s'était jamais occupé de politique. Le plaisir, la mode nouvelle, le mot qui court, l'histoire du jour, à la bonne heure. Cependant le souffle du 24 Février avait touché cette tête de liège. Un peu au spectacle des événements, un peu sous l'influence de son frère l'historien, personnage plus sérieux, entièrement acquis aux idées nouvelles, il avait fini par se réconcilier avec la Révolution. A la longue même, il était devenu républicain. Mais voyez l'inconséquence des choses ! Si, dans l'intimité,

Éléonore de Vaulabelle allait jusqu'à se dire, radical, au théâtre, c'est-à-dire en pratiquant son métier d'auteur dramatique, Jules Cordier ne se défendait pas de composer des scènes réactionnaires. Au reste, pour expliquer cette contradiction, il faut dire ce qui se passait. Ce qui a le plus souffert de la Révolution de Février, ça été le plaisir, le luxe, l'oisiveté, l'élégance, les goûts de sybarite, et, par conséquent, le théâtre. Les seules journées de Juin ont condamné dix mille familles d'artistes à crever de faim. De là, un éloignement subit, puis un peu de colère, puis beaucoup de rancune. D'un bout de Paris à l'autre, il était de mode alors de faire de l'opposition au régime républicain, du moins dans l'enceinte des théâtres et, ajoutons-le, les applaudissements du public encourageaient ce mouvement.

Ce fut pour marcher d'accord, avec cet appétit moqueur des masses qu'on transporta sur les planches tant de moqueries contre la République naissante. Cela avait commencé par la *Foire aux idées;* cela devait continuer par les *Grenouilles qui demandent un roi*, farce donnée au Gymnase. Après s'être associé avec Clairville, un ancien cabotin de Bobino, métamorphosé en Aristophane, Jules Cordier prêta la main à quelque chose de plus fort ; c'était de faire une vive satire contre les utopistes du jour, et les deux collaborateurs, en effet, firent jouer au Vaudeville, la *Propriété, c'est le vol,* une revue des plus mordantes où P.-J. Proudhon était représenté dans le Paradis terrestre sous les traits d'un serpent à lunettes et la très jolie et très nue madame Octave sous la figure d'Ève, la mangeuse de pommes. La pièce, fort courue, alla jusqu'à cent dix représentations.

Enhardis par une si belle réussite, les auteurs imaginèrent autre chose de fort original. Pour servir de dérivatif à l'influence des clubs et même à celle de la presse des rues, ils conçurent l'ingénieuse idée d'un vaudeville-journal qui serait improvisé par eux, chaque jour, dans l'après-midi, et chanté le soir, par un des acteurs en vedette du théâtre des Variétés. J'ai nommé Hoffmann, ce pauvre Hoffmann, si joyeux en ce temps-là et qui, dix ans après, devait mourir dans une maison de fous, en souriant du triste sourire des insensés.

Entre nous, si puissante que soit la faculté d'improvisation chez certains hommes, c'est une tâche rude que d'être obligé d'avoir de l'esprit et de la gaieté, tous les jours à heure fixe. Néanmoins cet engagement n'était pas au-dessus de la force des deux auteurs. Ils l'ont prouvé en faisant leur journal-vaudeville quinze jours de suite sans s'arrêter. Cette petite machine de deux cents vers était intitulée : le *Cours de la Bourse*, titre tout à fait en situation dans le voisinage de la rue Vivienne. Voilà de cela trente-six ans. Il s'est passé bien des choses depuis lors à Paris et ailleurs. Très certainement le *Cours de la Bourse*, a été oublié ; les deux auteurs sont morts et aussi l'acteur qui leur servait d'interprète, et aussi, hélas !... la presque unanimité du public qui se plaisait à écouter ces amusantes sornettes, mais j'ai conservé le second numéro de cet étrange journal, que je donne ici *in extenso*, et c'est probablement le seul des quinze numéros parus qui sera jamais imprimé !

Il ne faut pas oublier que ces vers datent du 21 février 1849, Louis Bonaparte étant président de la République depuis deux mois, c'est-à-dire en plein courant d'espérances monarchiques.

Hoffmann s'avance sur la scène et dit :

— Messieurs et mesdames,

LE COURS DE LA BOURSE

Revue quotidienne, critique, politique, littéraire et commerciale.

Cette Revue donne tous les soirs le cours de la Bourse, les faits-Paris, la séance de l'Assemblée nationale, les Nouvelles étrangères, les Tribunaux, les Nouvelles diverses, les Canards, les Modes et l'état du Ciel. On reçoit des annonces.

COURS DE LA BOURSE

Air :

L'approche de la fin du mois,
Déterminant plus d'une vente,
Fit aujourd'hui fléchir la rente
Et baisser le cinq et le trois.

C'est assez facile à comprendre,
Il paraît que le cinq pour cent
Devait le mercredi *descendre;*
De dix centimes il descend.

Le trois, qui seul restait au pair,
Après des efforts unanimes
Baisse aussi de quinze centimes.
Ainsi, sur la bourse d'hier,

L'un baiss' de dix, l'autre de quinze,
Et l'on cot' le trois et le cinq
Quatre-vingt-un soixante-quinze,
Quarante-neuf quatre-vingt-cinq.

(Parlé.)

PREMIER-PARIS

(Chanté.)

Notre horizon se rembrunit,
La position est très grave;
Du volcan déborde la lave,
A l'abîme tout nous conduit.

(Au public.)

 Comme c'est gai, la politique!
 Quel *premier-Paris* jovial !
 Vraiment, sans avoir la colique,
 On ne peut lire son journal.

(Lisant.)

 Dans une interpellation,
 Un apôtre de la Montagne,
 Hier, a placé la Romagne
 Juste au beau milieu du Piémont.

 Le ministre, pour le confondre,
 D'un air digne, croisant les bras,
 Comme toujours a su répondre
 En répondant qu'il ne répondrait pas.

 Après ce discours accablant,
 Pas un des combattants ne bouge ;
 Le montagnard était tout rouge
 Et le ministre était tout blanc.

(Parlé). Article communiqué. A. M. le rédacteur en chef du *Cours de la Bourse*. — Monsieur le rédacteur,

(Chanté.)

 Pour rendre justice au mérite,
 Dans votre journal d'aujourd'hui
 Le ministère vous invite
 A dire beaucoup d'bien de lui.

(Parlé.) Tous les articles communiqués sont de cette force-là.

CHRONIQUE DES TRIBUNAUX

(Chanté.)

    Deux bossus s'étant pris de mots
    Pour les doux appats d'une belle,
    Hier, en *correctionnelle*,
    Furent renvoyés dos à dos.

(Parlé.)

SÉANCE DE L'ASSEMBLÉE NATIONALE

(Chanté.)

    Les questions étant majeures,
    Les représentants d'aujourd'hui
    Arrivent tout juste à deux heures
    Au lieu d'arriver à midi.

    On les appelle tant et plus,
    Mais comme rien ne les amorce,
    On s'en va les chercher de force
    Dans la salle des Pas-Perdus.

    Sur la loi dite électorale,
    Ils votent, mais bien tristement,
    Car pour eux cette loi fatale
    Est une loi d'enterrement.

    Pour l'Afrique ils font adopter
    Un article qui les honore,
    Grâce à lui, tout soldat more
    Comme un autre a droit de voter.

    D'*incapacités* qu'on propose
    Les orateurs sont irrités,

Car chacun d'eux croit être en cause,
A propos d'incapacités.

La loi reste en route et l'on part
Pour se rendre dans sa demeure,
Et l'on s'en va de très bonne heure,
Attendu qu'on est venu tard.

(Parlé.)

FAITS DIVERS ET CANARDS
(Chanté.)

A notre bonheur rien ne manque;
La Banque du peuple ouvre enfin.
Ce n'est pas la première banque
Du système républicain.

Cette banque, où tout est coté,
A, dit-on, pour propriétaire
Un monsieur qui pourtant n'est guère
L'ami de la propriété.

Une comète d'une lieue
Dans la vill' de Lyon jett' l'effroi,
Mais pour apercevoir sa queue
Il faut avoir un *verre à soi.*

(Parlé.)

ANNONCES A 1 FR. 50 C. LE VERS DE HUIT PIEDS.
(Chanté.)

Fatet, comme arracheur de dents,
Est le prince de la science ;
Nous le disons en conscience,
Parc' qu'il nous a donné six francs.

(Parlé.)

ACCIDENTS. — ARRESTATION D'UN FILOU

(Chanté.)

    Un voleur a pris ru' Laffitte
    Un objet d'prix, et le voleur
    Avec son objet prit la fuite,
    Et l'on n'a pas pris le voleur.

(Parlé.)

DEMANDE D'EMPLOI

(Chanté.)

    Pour un département voisin,
    On demande un préfet habile,
    Mais on n'tient pas (c'est inutile)
    A ce qu'il soit républicain.

(Parlé.)

NOUVELLES ÉTRANGÈRES

(Chanté.)

    Pour les affaires d'Italie,
    Un grand congrès va s'assembler ;
    La France à l'Autriche s'allie ;
    Sur le Pô tout doit se régler.

    Sans doute ce projet est beau,
    Mais en politique on se triche ;
    Il est à craindre que l'Autriche
    Laisse la France sur le Pô.

(Parlé.)

MODES ET TOILETTES

(Chanté.)

De l'Empire on reprend la mode,
Et tout aspirant sous-préfet,
Pour imiter l'auteur du Code,
Prend du tabac dans son gilet.

(Parlé.)

ÉTAT DU CIEL. — Article communiqué par les savants de l'Observatoire.

(Chanté.)

Il a plu dans la matinée,
Mais il n'a pas plu dans la nuit;
Il a fait beau dans la journée,
Mais ce soir le ciel s'obscurcit.

C'est là tout ce qui s'est passé,
Et, je le tiens de bonne source,
Voilà ce qu'à fait la Bourse :
Aujourd'hui la rente a baissé.

Au bout de quinze numéros, la publication ou plutôt la représentation cessa. Pourquoi ? Le piquant n'y manquait en rien ni l'attention du public non plus; c'était tout le contraire. Un soir, dans l'un des couplets, Jules Cordier, emporté par une fougue un peu libérale, fit un éloge du général Cavaignac et, dès le lendemain, la censure mettait le holà. Le *Cours de la Bourse* finit là.

Très peu de temps après le coup d'État, Éléonore de Vaubelle réalisa sa petite fortune et s'en alla vieillir dans une petite propriété rurale des environs d'Auxerre, où il est mort.

XXII

LA GRÈVE DES MUSICIENS

MM. les musiciens de l'orchestre de l'Opéra-Comique ressemblent aux Romains du temps d'Horace ; ils ne sont pas contents de leur sort. Le premier violon s'emporte ; la petite flûte soupire de rage ; l'ophycléïde proteste avec éclat. Ecoutez le tam-tam ; c'est un tonnerre qui gronde, mais qui déclare ne vouloir plus tonner. « Qu'ont-ils donc ? » se demande le dilettante distrait. Si cet amateur de jolis couplets avait autant de cœur qu'il a d'oreilles, il aurait pu lire, comme tout le monde, l'exposé de leurs griefs. Rien de plus fondé. Ces braves gens ont pour mission sociale d'aider, chaque soir, à l'amusement d'un public blasé, bien repu, bien habillé, couvert de soie, d'or, de dentelles et de diamants, et ils parviennent, à la satisfaction générale. Moyennant ce devoir accompli, ils devraient, pour le moins, trouver à vivre. Or, s'il faut les en croire, ils ne vivent pas. C'est pourquoi ils viennent de se mettre en grève.

La grève est toujours un détestable expédient ; P.-J. Proudhon, qui était passé maître en fait de désorganisation, condamnait pourtant cette pratique, nuisible à la société entière, mais surtout à ceux qui s'en font les artisans. L'expérience, unie à la logique, prouve en effet qu'il n'y a pas de grève, si compacte qu'elle soit, si entourée de conjurations solennelles qu'on la suppose, qui, à la fin des fins, ne tourne à la défaite de ceux qui l'ont organisée. On a vu le fait se produire cent fois ; Paris a pu même constater que la chose finissait parfois en mauvaise charge, tout entourée des rires moqueurs de la foule : témoin la grève des cochers, sous le second Empire.

Il est pourtant des cas où ceux qui souffrent d'une injustice ou bien d'un cruel mécompte, ne peuvent avoir aucune autre ressource. On s'y est d'abord pris respectueusement, tout en douceur ; on a réclamé auprès des supérieurs par voie de parlementaires, mais, en ces sortes de choses, la douceur étant mise sur le même rang que la faiblesse, on n'a obtenu que des réponses évasives.

Il a donc fallu songer à un autre moyen. C'est alors qu'on a nommé une commission. Trois ou quatre hommes de la corporation se sont rendus chez une des notabilités du barreau. Là, les plaintes ont pris une forme précise; on a supplié l'avocat d'écrire un Mémoire et de le faire apostiller par trois ou quatre de ses illustres confrères, afin de l'investir d'une autorité plus grande. Quand le Mémoire a été rédigé, signé, imprimé, distribué, on a cru enfin que cet agent de persuasion suffirait pour terminer la querelle. Un Mémoire ! La belle affaire ! Eh ! pardieu, on y répond sur-le-champ par un autre Mémoire, et c'est tout.

Il en résulte que le conflit recommence de plus belle.

Que peuvent faire alors les petits, je vous le demande ?

Pris individuellement, chacun d'eux n'est rien ou fort peu de chose. Qu'est-ce qu'un ouvrier en blouse en présence d'un usinier millionnaire ? Qu'est-ce que l'homme qui tient les cymbales comparé au directeur de théâtre, presque toujours décoré, généralement bien apparenté, qui a sur toute l'entreprise l'autorité d'un maître absolu ? Sultan et czar, un directeur de théâtre est très souvent les deux types à la fois. Vous pensez bien que l'homme qui tient les cymbales ne peut guère lui tenir la dragée haute. Un geste suffit pour qu'il soit cassé aux gages. A la porte, l'homme des cymbales ! Et, au bout de cinq minutes il n'en est pas plus question que d'une cavatine chantée la veille.

L'affaire change tout à fait d'aspect si, au lieu d'un seul réclamant, il y en a tout à coup cent.

Cent hommes qui se plaignent à l'unisson pour le même déni de justice, ce n'est plus déjà une aventure à dédaigner. Il y a du sérieux dans la demande. Cent hommes, numériquement parlant, cela devient respectable, parce que cela peut représenter cent familles et peut-être cinq cents bouches, et peut-être cinq cents consciences. D'où il suit qu'aux yeux des réacteurs les plus opiniâtres, il y a déjà comme un préjugé favorable à l'endroit de la requête. En tout cas, on se met à écouter plus poliment et à lire le placet plus gravement.

Voilà ce qui se passe d'ordinaire en France et en Angleterre à propos des grèves.

Cependant le groupement du grand nombre n'est pas toujours une garantie de succès ; au contraire. Si les petits ont le droit de se réunir, les gros le possèdent bien plus. L'usage, à cet égard, est même tout à fait pour eux. Qu'ils s'agglomèrent tant qu'il leur plaira, jamais la police ne les en empêche. Jamais, au grand jamais, les juges ne sévissent contre eux, ni les fusils non plus. Aussi est-il admis qu'ils ont la faculté de se tenir plus serrés entre eux que les divers membres d'une botte d'asperges. Étant ainsi d'accord et se sentant riches, ils résistent, mais encore, ayant la liberté, le temps et l'argent pour eux, ils s'arrangent de façon à déjouer à leur profit les effets de la grève en attirant, en engageant, en sous-louant, en achetant, soit dans le pays même, soit à l'étranger, des salariés qui remplacent les insoumis.

Pendant ce temps-là, un ouragan de misères fait irruption dans les cent familles dont j'ai parlé. Cent maladies et vingt décès en sont souvent la conséquence. La faim se présente et dénoue le problème — pour un temps, du moins.

Est-ce là ce qui va se produire pour les musiciens de l'Opéra-Comique ? — Il faut bien espérer que non. — Il faut croire que, chacun y mettant sagement du sien, on parviendra rapidement à une entente, souhaitée par tout le monde. — Le fait est pourtant qu'il paraît y avoir, de part et d'autre, comme un certain balancement de bonnes raisons.

Les musiciens ont fait insérer dans les journaux une note explicative de leur conduite. — Ce que contient ce document fait voir que, pour eux, la situation n'est pas tenable. Jusqu'à ce jour, l'orchestre de l'Opéra-Comique a coûté 89,800 francs par an, répartis sur soixante-huit musiciens, soit une moyenne de 1,320 francs 50 centimes par chaque individu. — Sur ce nombre de 68 exécutants, 16 touchaient 75 francs par mois, soit 2 francs 56 centimes par jour, somme dérisoire, à l'époque où nous vivons.

En 1848, au moment où le besoin d'une enquête sociale était dans tous les esprits, on s'était déjà préoccupé de cette situation précaire d'artistes tous fort recommandables. — Un soir, dans une petite réunion, Léon Gozlan traitait cette question devant nous, et, bien que timide, comme il était sûr d'être écouté attentivement, il y mettait une très grande verve.

— En ce moment-ci, disait-il, la mode est de ne parler que de la misère des ouvriers. Sans doute, les ouvriers ne sont pas tous sur un lit de roses, ni assis devant un plat de barbue aux câpres, avec du Leoville dans leur verre. Je vous concède tout ce que vous voudrez à cet égard. Oui, les ouvriers ont un sort digne d'intérêt ; mais il n'y a pas qu'eux d'intéressants. Tenez, je connais des martyrs cent fois plus torturés par les nécessités sociales que les anciens chrétiens ne l'ont été par Néron et par Dioclétien.

Et il citait les musiciens des vingt théâtres de Paris, le chef d'orchestre compris.

— Il y a, disait-il, des économistes qui se roulent dans un océan de chiffres, mais ils ne connaissent pas le budget des petits ménages. On signale des philanthropes qui font semblant d'aller pourrir un jour au bagne ou dans les prisons. Ce sont des cœurs intrépides qui n'oseraient pas visiter la mansarde nue des artistes. On nous vante des faiseurs de lois, de grands orateurs qui se montrent heureux quand on arrive à une juste balance des dépenses et des recettes. Les mêmes, bien fiers, bien gantés, vont entendre, le soir, la musique de Boïeldieu ou celle d'Auber, n'ayant pas l'air de se douter que les exécutants qui servent d'interprètes aux compositeurs s'en vont au cimetière avant le temps, en passant par l'étape de l'hôpital.

Léon Gozlan, je ne sais comment, avait pu étudier les misères intimes de ces obscurs traducteurs de tant de brillants chefs-d'œuvre, et il ajoutait :

— Mal logés, mal vêtus, mal nourris, incertains même du mince tabouret qu'ils occupent à l'orchestre, s'ils ont l'imprudence de se marier et le malheur d'être pères, ils doivent frémir sans cesse sur la vie de leurs enfants. Voyez-vous une famille n'ayant pour ressource que cinquante sous par jour, et devant avoir une tenue d'artistes ? C'est si affreux que c'est indescriptible.

Notez qu'ils doivent jouer au théâtre en habits qui ne jurent pas trop avec ceux des spectacteurs. Ajoutez qu'ils n'ont pas le droit d'avoir une figure trop morose. Dites encore que, le rideau baissé, quand la salle se vide, ils ont à se frotter au contraste du luxe, de la richesse et du plaisir. Enfin, dites encore que, l'hiver, dans la saison des pluies glacées et de la neige, quand tant d'autres se retirent en voiture, souriant, chantonnant, ils ont à s'esquiver dans les quartiers suburbains, à à travers la brume et le verglas, trempés des pieds à la tête et ayant le ventre creux. Et puis vous vous étonnez qu'il y ait, au fond de ces misérables, des Catilinas et des Erostrates !

A la vérité, le directeur peut répliquer que ce théâtre est difficile à mener; que, malgré la rotondité de la subvention et la richesse de son répertoire, il n'arrive presque jamais à faire de bonnes affaires, pas même, au bout de l'année, à nouer, comme on dit, les deux bouts ensemble.

Mais, tenez, Jules Noriac a trouvé un moyen de tout arranger.

Ce serait de prendre sur le *droit des pauvres* une somme de 50,000 francs par an pour allonger les minces appointements des musiciens.

Le théâtre n'y perdrait pas un centime et les pauvres artistes y gagneraient.

Le fera-t-on?

On ne le fera pas !

P. S. On ne l'a pas fait, on n'a pas suivi ce sage conseil ; néanmoins la grève des musiciens de l'Opéra-Comique a pris fin, par bonheur, mais interrogez les pauvres instrumentistes et vous verrez que Paris ne sait pas empêcher de mourir de faim ceux qui l'empêchent de mourir d'ennui.

Il est toujours admis qu'ils seront mal payés. Mais qu'importe au public ? Ces ventres affamés n'en réjouiront pas moins ses oreilles !

XXIII

FRÉDÉRICK LEMAITRE

A propos d'une vente qui a eu lieu en 1876, à l'hôtel des Commissaires-Priseurs, tout le monde a parlé, encore une fois, de Frédérick-Lemaître. — Journaux, biographies, discours funèbres, le concert a duré quinze jours pleins. Que voulez-vous ? Cette physionomie d'artiste était si vivante qu'il y a encore plus d'une chose intéressante à en dire. — Quant à nous, nous demandons à noter, en passant, deux ou trois faits dont personne n'a songé à rappeler la piquante originalité.

Avant d'entrer dans les détails de ce récit, est-il besoin de rappeler ce qu'à été Frédérik-Lemaître ? De 1829 à 1840, l'art dramatique n'a certainement pas eu de représentant plus original ni plus grand. On disait de lui : « C'est le Kean de la France, » et ce n'était pas assez dire.

Parti des derniers rangs de la figuration, il était bien vite arrivé à manifester tous les signes du génie. Nul n'a été plus heureusement doué. Quand il s'est mis à jouer sérieusement, pour la première fois, l'École romantique en était à sa naissance et c'est lui, en très grande partie, qui l'a aidée à se développer et à tenir, pendant dix années, le haut du pavé dans l'art. De *Richard d'Arlington* à *Ruy Blas* que de créations il a faites! Quels frissons d'épouvante, d'amour, de colère ou de vengeance il a fait courir sur l'épiderme de trois générations de Parisiens! Le seul type de Robert Macaire, créé par lui, serait un titre à avoir son nom dans l'histoire. Frédérick-Lemaître a laissé après lui, bien d'autres figures, mais des figures fugitives et bien vite effacées, puisque d'un grand comédien rien ne reste après sa mort. Lekain a passé, et aussi Molé, et aussi Talma. Plus varié que tous ces illustres, s'il eut voulu avoir un peu de tenue, il les aurait tous surpassés, mais il est à ranger sur la même ligne qu'eux et il a passé comme eux, puisque tous les hommes passent.

Sous la direction des frères Cogniard, à la Porte-Saint-Martin, Félix Pyat avait donné à Frédérick le rôle principal du *Chiffonnier de Paris*. Comme le grand acteur commençait à n'être plus jeune, il était mûr pour jouer le *père Jean*. Depuis quinze ans, il ne se montrait plus que dans des personnages aristocratiques ; il avait fait revivre le maréchal d'Ancre, Hamlet, Kean, Gennaro, le marquis de Brunoy; il avait été le premier ministre du roi d'Espagne. Comment se transformer tout à coup au point de ne plus être qu'un chiffonnier de nos rues?

A cette même époque, dans un taudis sans nom, vivait au faubourg Saint-Antoine un Nestor du crochet. On le nommait Liard, le philosophe Liard. Il avait quatre-vingts ans sonnés. Charlet, ce Salvator Rosa des types populaires, s'était complu à faire son portrait. Une légende prétendait que, dans sa jeunesse, il avait servi de secrétaire à Beaumarchais. Ce qu'il y a de sûr, c'est qu'il savait le latin, et qu'une certaine nuit le poète Berthaud, qui venait de le rencontrer, lui avait entendu citer tout haut un vers d'Horace. Toutefois, ces richesses de l'esprit, ces ornements de la mémoire n'empêchaient pas le noctambule d'être un des plus habiles dans son métier. Point de nuit où il n'inspectât quarante rues, d'où il rapportait un trésor, je veux dire ce qui est un trésor aux yeux d'un pauvre diable.

— Au fait, se dit Frédérick, pourquoi n'irais-je pas demander une leçon à ce doyen?

Dans la nuit d'après eut lieu, rue Lesdiguières, entre ces deux grands hommes, une entrevue non moins mémorable que celle de Diogène et d'Alexandre le Grand.

FRÉDÉRICK. — Mille pardons, monsieur. N'êtes-vous pas Liard, le philosophe Liard?

LIARD. — Oui, mon fils. Et toi, qui es-tu? Serais-tu de la partie?

FRÉDÉRICK. — A peu près. Depuis vingt ans je vis au milieu des loques. Guenilles de rois, papiers que le vent emporte, chiffons de toute espèce. Je suis comédien.

LIARD. — Qui ne l'est pas de nos jours? Tu as un nom?

FRÉDÉRICK. — Je m'appelle Frédérick Lemaître.

LIARD. — Attends donc! C'est toi qui est le gredin dans *Trente ans ou la vie d'un joueur?*

FRÉDÉRICK. — Précisément.

LIARD. — En ce cas, tu peux te flatter de m'avoir donné le frisson, mon gas. Et bien, que me veux-tu?

En deux mots l'acteur expliqua ce qui l'amenait. Une boutique de rogomiste était encore ouverte. Tous deux y entrèrent et y prirent un verre de *mêlé*. Alors le philosophe enseigna à son disciple d'occasion les secrets de son art. Il lui apprit comment il faut porter la hotte, de quelle façon il convient de tenir d'une main la lanterne sourde et de l'autre le crochet. Quand ils se quittèrent, le noctambule dit au néophyte :

— Il est aisé de voir que tu as de grandes dispositions, mon fils. Si jamais le théâtre te fait défaut, tu pourras trouver à vivre avec les paillettes du ruisseau.

Un assez curieux détail, qui est arrivé à notre connaissance personnelle, — et voici comment.

En 1852, une petite revue littéraire, la *Chronique de Paris*, usant de son droit, critiqua très-vivement l'artiste; Frédérick se fâcha et fit un procès à l'auteur de l'article, M. Ch. de Besselièvre, plus tard directeur des concerts des Champs-Elysées. — Le hasard nous ayant appelé au Palais-de-Justice le jour où venait cette affaire, nous nous trouvions assis près du plaignant et de M. Jules Favre, son avocat. — Pendant le cours des débats, le comédien ne savait pas contenir son impatience. A tort ou à raison, il lui semblait qu'on le personnifiait trop dans le type de Robert Macaire, créé par lui. — Robert Macaire par ci, Robert Macaire par là; les haillons de Robert Macaire! — N'y pouvant plus tenir, il se leva et demanda au président la permission d'objecter un mot.

— On vient de dire, s'écria-t-il, que cette figure de Robert Macaire a toujours été en horreur aux honnêtes gens. Eh bien! messieurs, apprenez que j'ai été mandé, un jour, aux Tuileries, exprès pour le jouer. Le roi Louis-Philippe, la reine

Amélie, les princesses, toute la cour désiraient me voir là-dedans. Après la représentation, le monarque en personne vint à moi afin de me féliciter. Étaient-ce là des hommages si crapuleux ?

Ce petit bout d'allocution quoique fort ironique produisit évidemment un grand effet sur les juges.

Mais le plus imprévu était ce que nous disait Frédérick à demi-voix.

— Le roi m'avait fait venir au palais pour me voir, pour m'étudier. Eh bien ! j'étais allé au palais pour voir le roi et pour étudier Louis-Philippe. Effectivement, sa manière de marcher, de tendre la main, sa toilette, son col de chemise, sa coiffure, sa voix, j'ai retenu tout cela, et je m'en suis servi dans le *Vautrin* de Balzac.

Vautrin, ce drame bizarre, qui n'a eu qu'une représentation, précisément à cause de la ressemblance que Frédérick, de concert avec l'auteur, voulut imprimer au personnage, *Vautrin*, disons-nous, ça été une belle équipée théâtrale, presque une échauffourée politique. — A dix ans de distance, le grand artiste avouait qu'en se faisant « cette tête, » il avait cédé à un mouvement de *gaminerie* des plus répréhensibles, mais il rejetait la moitié de la responsabilité sur H. de Balzac.

L'auteur d'*Eugénie Grandet*, légitimiste endurci, détestait Louis-Philippe, ce qui n'est un secret pour personne. — « Ridicusez-le ! » disait-il au grand acteur pendant les répétitions de *Vautrin*.

Au reste, ce ne fut pas la seule plaisanterie que ce dernier ouvrage suggéra à sa pensée.

Méry, grand amateur d'autographes, nous a montré une lettre de faire part, entièrement écrite de la main du célèbre acteur et ainsi conçue :

« Monsieur,

» J'ai la douleur de vous annoncer la perte que le plus fécond de nos romanciers vient de faire en la personne de M. Vautrin, dit *Trompe-la-mort*, ancien forçat libéré, décédé subitement au théâtre de la Porte-Saint-Martin, où on l'a enterré dans le trou du souffleur.

» FRÉDÉRICK LEMAITRE. »

*
* *

En 1848, comme en ce moment, il y avait presque autant de candidats à la députation que d'électeurs ; Frédérick récitait, en se promenant, les *Iambes* d'Auguste Barbier :

Dans le pays de France aujourd'hui que personne
    Ne peut chez soi rester en paix,
Et que, de toutes parts, l'ambition bourgeonne,
    Sur les crânes les plus épais.

Néanmoins, buvant la contagion dans l'air, il fit, lui aussi, une profession de foi et posa sa candidature. Au recensement, il n'eut à recueillir qu'une quinzaine de voix.

— S'ils ne m'ont pas élu, dit-il pour se consoler, c'est qu'ils ont trouvé de meilleurs Roberts Macaires que moi.

Et c'est vous.

.˙.

Un dernier mot pour finir.

Cela se passait pendant les répétitions de *Vautrin*, à la Porte-Saint-Martin.

Un soir, en sortant par la petite porte qui donne sur la rue de Bondy, le grand acteur glissa sur le pavé et fit une chute sur le genou.

Au même instant, un titi accourut à lui :

— Comment ! Vous venez de tomber, m'sieu Frédérick ? Par bonheur, ça ne vous arrive pas souvent de faire une chute.

La politique est une vilaine fée qui joue de mauvais tours aux meilleurs d'entre nous.

Dix ans après la Commune, un jour, j'ai revu Félix Pyat et nous avons causé, un moment, des choses du théâtre. Ce violent, qui a été l'auteur des *Romains chez eux*, d'*Ango*, des *Deux Serruriers*, de *Diogène* et de tant d'autres beaux drames, a joué de malheur. A la veille du 24 Février, il avait en portefeuille de belles œuvres et notamment le *Médecin de Néron*, un beau drame dont le rôle principal avait été écrit pour Frédérick Lemaître.

— Il était convenu avec M. Buloz que ce drame serait joué au Théâtre-Français et le rôle principal confié à Frédérick, mais que veux-tu ? La Révolution de 1848 éclata comme un coup de tonnerre, et l'on fit de moi d'abord un commissaire général dans le Cher, puis un député à l'Assemblée Nationale. Adieu, l'art ! Adieu, le théâtre ! Frédérick Lemaître demeura sur les boulevards !

Si Frédérick Lemaître eût mis, une fois, les pieds sur les planches de la maison de Corneille et de Molière, par quelles grandes et superbes créations n'y eût-il pas signalé son passage ! Tour à tour *Tartuffe*, le *Cid*, *Hernani*, *Harpagon*, *Henri III*, il nous eût tous brûlés à la flamme de son génie et à cette heure où j'écris nous aurions tous encore la chair de poule !

XXIV

L'ARGENT PRÊTÉ

L'argent prêté ! le joli mot ! le vilain mot !
Et en effet, il est les deux choses à la fois.
Alfred de Musset nous l'a dit dans l'un de ses poèmes les plus charmants : « L'argent prêté, ça ne se rend jamais. »
Deux histoires à ce sujet, si vous le voulez bien.
On cite d'un millionnaire de fraîche date un trait curieux et caractéristique.
Un ami de fredaines vient frapper à la porte de son obligeance :
— J'ai besoin de mille écus, et je viens, sans façon, vous les demander.
— Mille écus !
— Mon cher, c'est une bagatelle, et vous êtes bien au-dessus de cela.

— Sans doute... Si je le voulais absolument.....
Mais permettez-moi, mon cher ami, de vous faire remarquer que ces questions d'argent ont le grand inconvénient d'altérer les plus solides amitiés.

— Ce sont les grippe-sous qui disent cela.

— Non, c'est le bon sens. Il faut rendre. On n'est pas prêt. La mauvaise humeur s'en mêle, et l'on finit par se brouiller.

— Mon ami, je vous promets sur l'honneur que dans trois mois...

— Mon Dieu ! je sais que je dois me fier à votre parole. Cependant, vous conviendrez que ce qui peut m'arriver de plus heureux à cette époque, c'est d'être remboursé. Or, cela peut-il entrer en comparaison avec le danger de perdre votre amitié?

— Je vous jure...

— Tenez, l'insistance que vous y mettez ajoute à mes scrupules. J'ai le pressentiment que, dans trois mois, je perdrai mon ami. Jugez de ce que j'aurai à souffrir d'ici là ; car je tiens beaucoup à votre amitié. Ce ne serait pas vivre, ce serait un supplice prolongé ; et puisqu'il faut que nous en venions à une rupture, je préfère, dans votre intérêt et dans le mien, et pour nous délivrer tous les deux des tourments de l'incertitude, que nous rompions à l'instant même.

— Que dites-vous là ?

— Ainsi, cher ami, tenons-nous pour avertis que nous sommes brouillés.

Lecteur, dites, y a-t-il à cette heure, dans l'un de nos trente théâtres, une comédie de mœurs qui vaille celle-là ?

M. Alexandre Dumas, fils, a tiré très bon parti d'un fait qui rentre dans cet ordre d'idées. Au second acte de *Diane de Lys*, quand la jeune comtesse n'est pas encore amoureuse du peintre Paul Aubry, il lui fait réciter le trait d'un richard qui inscrit les noms et les sommes de tous les amis qui demandent à lui emprunter. Le total se fait ensuite à la fin de l'année. On sait que ce fait a eu pour auteur le marquis d'Aligre, pair de France du règne de Louis-Philippe, un des plus gros propriétaires fonciers de France et aussi, à ce qu'a dit la chronique, le roi des Fesse-Mathieu. L'auteur dramatique le met au compte d'un banquier, mais peu importe. De cette jolie scène il résulte qu'il y a tout à gagner en ne prêtant pas d'argent à ses amis.

Mais tout à l'heure, nous avons parlé d'une seconde histoire sur le même sujet.

La voici :

Vous allez voir qu'elle vaut bien la première.

Un auteur à succès, très économe, chapitrait un

beau soir quelques jeunes confrères en leur recommandant d'être plus rangés.

— Mes enfants, je ne sais pas comment vous faites. Vous êtes toujours à court. Et moi, qui cependant ne gagne pas plus que vous et qui, pour le moins, vis aussi honorablement que des plus huppés, j'ai toujours cinq cents francs dans mon secrétaire au service d'un ami.

Ce mot ne fut pas perdu.

A quelques jours de là, l'un des sermonés eut besoin de cent écus pour compléter la solde d'un billet. Il pensa naturellement à cet excellent camarade qui avait toujours cinq cents francs au service d'un ami.

Il court donc chez l'homme d'ordre et lui expose sa situation.

— Trois cents francs, mon cher, rien que trois cents francs ; cela vous est bien facile à vous, qui avez toujours cinq cents dans votre secrétaire.

— Mon cher, vous ne m'avez pas compris.

— Comment ça ?

— J'ai dit, il est vrai, que j'avais toujours cinq cents francs au service de mes amis ; mais si je vous prêtais cent écus, je manquerais aujourd'hui à 'a loi que je me suis imposée ; car enfin, il ne me resterait plus que deux cents francs de disponibles, et cela ne vaudrait pas la peine d'en parler.

L'auteur dramatique écouta, baissa l'oreille, alla et court encore.

APHORISME

Donnez de l'argent; — n'en prêtez pas.

XXV

LE COMMERCE DES CHANSONNETTES.

Un savetier, un peu semblable à celui de La Fontaine, ressemelait de vieilles chaussures dans une échoppe, au coin d'une rue. Tout en cognant son cuir avec le marteau, il chantait. Cinq ou six personnes s'attroupèrent afin de l'entendre.

— Il a une jolie voix, ce gniaf, disaient les passants.

Vint un monsieur qui voulut le faire taire.

— Halte-là! dit ce dernier. La chanson que vous faites entendre est l'*Amant d'Amanda*; elle appartient à notre Société. Si vous ne chantiez que pour vous, je n'aurais rien à dire. Voilà que vous chantez pour le public. Vous payerez dix sous par chansonnette, ou bien je demanderai à la justice de vous couper le sifflet.

Le savetier, interloqué, se tut, du moins pour le moment. On avait parlé de papier timbré. C'en était assez pour le réduire au silence.

Dans notre siècle, on ne chante plus sans payer. Allez, c'est plus fort que du temps de Mazarin. Ainsi le veut le progrès.

Tout le long du globe, à travers les bois des deux mondes, l'oiseau chante uniquement pour le plaisir de chanter. Jamais il n'est venu à l'esprit du rossignol de mettre une pensée d'industrie dans ses trilles. Vous avez vu cent fois la fauvette se balancer sur la branche des prunelliers. Comme elle est heureuse de jeter gratuitement des strophes à l'oreille de ceux qui passent! Il n'y a pas jusqu'à la pie, pourtant fort avare, à ce que racontent les légendes, qui ne se fasse un devoir de moduler ses soupirs pour rien.

En civilisation, chez le roi de la nature, c'est un tout autre refrain.

Suivant ce qu'on nous a appris au lycée, l'homme a été défini par Platon un oiseau à deux pattes, sans plumes. Soit, nous acceptons. En tout cas, l'oiseau du grand philosophe ne prodigue pas les trésors de sa voix. A Paris, nul ne peut plus faire sortir de son gosier un couplet sans être guetté par la douane. Qu'est-ce que vous fredonnez là, madame? Eh, pardieu! c'est la *Canne à Canada!*

Anna
Donna
La canne à
Canada !

— Allons, vous me devez cinquante centimes. Voyez plutôt le tarif.

Tout cela dérive pourtant de ces horribles cafés-concerts qu'on appelle des *beuglants*. Un jour, il a plu à Napoléon III, César si peu chantant, de proclamer la liberté des théâtres. C'était dire qu'on remplirait la ville de tréteaux. Effectivement, six mois ne s'étaient pas passés qu'il y avait à tout coin de rue un caboulot, compliqué d'un orchestre forain et de piqueuses de bottines qu'on avait métamorphosées en cantatrices. Là, on mariait par système tous les plaisirs et tous les arts : la musique, la bière, le cigare, la comédie, le grog, la danse. Toutes consommations fortement frelatées.

Dans l'origine, ces orphéons n'étaient que grotesques ; à la longue, pour attirer le gros public, ils sont devenus cyniques. On y chante, on y chante sans cesse ; mais, depuis trente ans, on n'y chante que des gravelures ou des sornettes qui paraîtraient bêtes chez les Iroquois. La pensée y est conforme à la chope.

Si l'on voulait citer, on n'aurait que l'embarras du choix.

Sous Charles X, Béranger a élevé la chanson jusqu'à l'ode ; sous Napoléon III, les rapsodes du jour ont forgé des couplets dignes, au plus, d'un peuple de Niam-Niams (hommes à queue de singe, originaires de l'Afrique centrale). Thérésa a prêté son talent à *C'est dans l' nez que ça m' chatouille*. Dès lors, le branle a été donné. On a fini par : *Ah! ah! ah! le voilà, Nicolas!* et par *Tiens, voilà Mathieu : comment vas-tu, ma vieille ?* Et nous citons les plus grotesques, nous ne rappelons pas les plus sales.

Malpropres ou stupides, ces chants, le croiriez-vous ? rapportent des blocs d'or à leurs auteurs. Mais justement cela se rattache à l'histoire du savetier que je vous contais tout à l'heure. Une chansonnette de beuglant peut devenir une fortune, et cela se voit tous les jours.

— Vous allez voir comment la chose est arrivée pour la première fois.

Il y a trente ans, un auteur composait une de ces modestes œuvres et la portait chez l'éditeur, qui, si l'œuvre lui plaisait, l'achetait, la gravait et la vendait au public. L'auteur n'avait plus rien à voir dans le produit de sa composition.

Un jour, M. Bourget, je crois, va passer sa soirée dans un café-concert où ses productions étaient en vogue.

Il s'assied à une table ; le garçon lui demande ce qu'il faut lui servir.

— Rien ; je viens voir comment mes œuvres sont interprétées.

— Mais, monsieur, il faut consommer.

Le patron survient et invite M. Bourget à *consommer* ou à sortir.

— Mais, monsieur, je suis l'auteur.

— Monsieur, cela ne me regarde pas.

— Eh bien, servez-moi un verre d'eau sucrée. Seulement, je défends qu'on chante les œuvres qui sont de moi et que je vois sur le programme.

Le directeur ne tint pas compte de la réclamation de l'auteur, qui l'assigna en justice ; il y eut procès. L'impresario fut condamné à des dommages-intérêts s'élevant à quelques centaines de francs. A la suite de ce débat, les auteurs se réunirent, jetèrent les bases d'une association. Et c'est d'un verre d'eau sucrée que jaillit la Société des auteurs, compositeurs et éditeurs de musique, si nombreuse et si riche aujourd'hui.

Savez-vous quel a été l'encaisse des droits pour l'année 1881 ?

Plus de sept cent mille francs ! Que de millions perdus depuis trente ans !

Ah ! le bienheureux verre d'eau sucrée !

Cependant, il faut tout vous dire : de Paris, le *beuglant* a fait irruption dans la province. Il y en a désormais dans toutes les villes, et bientôt ce sera dans tous les hameaux.

Un poète populaire du nom de Colmance a fait une ronde célèbre, bachique et érotique tout ensemble : *Ohé! les p'tits agneaux, qu'est-ce qui casse les verres?* Ça été tiré à cinq cent mille exemplaires. D'où cinquante mille francs de droits d'auteur.

André Chénier n'a jamais touché un centime pour ses admirables vers.

Autre temps, autres mœurs, autre code.

XXVII

MEYERBEER.

Il n'est pas de couronne de laurier ou de myrte sous laquelle ne se cachent des épines par centaines. Celui qui a composé *Robert-le-Diable* a, toute sa vie, été coiffé d'une couronne de ce genre-là. Paris, Milan, Vienne, Londres, Saint-Pétersbourg ont salué son nom d'un million de bravos; les banknotes et les fleurs poussaient sous ses pas; tous les princes chamarraient de rubans sa redingote en drap vert; il y eut même un roi, sur les bords de la Sprée, qui parla un jour de le faire baron. « — Sire, cela se pourrait, s'il n'était
» pas israélite, objecta un chancelier. — Mais
» est-ce que les Rotschild ne sont pas de la lignée
» de Jacob, et pourtant ils sont barons. — Il est
» vrai, sire, mais les Rotschild ont chez eux la
» merveilleuse caverne d'Ali-Baba et, d'ailleurs,

» ils ne sont que barons d'Autriche. » Le roi prit la raison pour bonne et ne parla plus de rien. En sorte que Meyerbeer a dû se contenter d'être le chevalier Meyerbeer. Première épine, à ce qui nous a été conté. — Allez, il y en a bien d'autres!

Incontestablement ce grand artiste a fait des chefs-d'œuvre. J'ai rappelé *Robert-le-Diable*, tout à l'heure, en commençant. Rien de plus émouvant, rien de mieux rythmé que ce drame lyrique, qui a eu, d'ailleurs, la bonne fortune d'arriver au lendemain de la Révolution de Juillet, dans un temps d'effervescence littéraire et de passions d'artiste. Dans la pensée de cet artisan en cavatines, il s'agissait de la lutte entre l'ange du bien et l'ange du mal; c'était donc un thème tiré des idées chrétiennes. A toute autre époque on eût été rebuté par ce sujet. Au moment où les jeunes républicains à barbe de bouc se réchauffaient le cœur en lisant la belle prose de Lamennais, où les Saint-Simoniens cherchaient à faire à Ménilmontant un couvent d'Esséniens et où Victor Hugo mettait à la mode la poésie sombre et auguste des cathédrales, cet opéra où il y a des imprécations de l'enfer et des gémissements de nonne, ce diable qui poursuit un jeune gentilhomme pour avoir une hypothèque sur son âme, ces pierres tombales soulevées, ce chœur des démons qui sort des profondeurs de l'abîme éternel, tout cela devait avoir et a eu un succès européen. Cependant il se trouvait toujours dans Paris, vieille capitale du goût, un collège d'amateurs du vieux jeu pour protester tout haut contre tant de bruit et pour blâmer le trop fréquent emploi des instruments de cuivre. L'orchestre de l'œuvre nouvelle renfermait plus de métal qu'il n'en aurait fallu pour former deux bonnes batteries de cuisine. Un critique musical, alors fort écouté, le père Fétis, avait fait cette remarque et d'autres qui étaient la conséquence de cette première observation.

— Oui, il y a trop de cuivre là dedans, disait-il. Savez-vous ce qui en résulte forcément? C'est que vous forcerez nos chanteurs à le prendre sur un ton trop haut et qu'ils ne pourront pas soutenir, sous peine de devenir aphones au bout de trois années. Mon cher Meyerbeer, vous conduirez tous nos ténors à cracher le sang.

Paroles très judicieuses, et auxquelles la suite des temps a donné raison.

Un autre écrivain, un très aimable poète, juif aussi par-dessus le marché comme l'était le musicien lui-même s'échappait agréablement dans la même critique. J'ai nommé Henri Heine. Le charmant auteur de *Reisebilder* s'empara de l'Orphée hébreu et, en raison de cet abus du cuivre, il le houspilla de la belle manière.

Vous le voyez donc, il y avait des lauriers et du myrte sur le crâne du compositeur, mais les épines ne manquaient pas non plus.

Une des plus acérées, celle qui piquait le pauvre homme jusqu'au sang, c'était l'épigramme tombée des lèvres de Rossini. A l'illustre auteur de *Guillaume Tell* on demandait pourquoi, étant encore jeune, très habile, très vert, il ne faisait plus rien.

— Je me réserve, répondit-il, pour le jour où les Juifs auront fini leur sabbat.

Mot ailé et armé d'un aiguillon d'or comme si c'eut été une guêpe. Cela courut d'abord au foyer de l'Opéra, puis sur les boulevards, puis dans la presse. De là, le trait se répandit à travers le monde entier où l'on se le répète encore, tant il est curieux. — Meyerbeer en pleurait de dépit et de douleur.

Il y avait encore un cri acerbe de Méry, qui, en parlant de l'homme qui a fait *Robert-le-Diable*, les *Huguenots*, le *Prophète* et l'*Africaine*, toujours à grand renfort de cuivre, lui disait : « Votre Sonorité », comme on dit à un roi : « Votre Majesté » et à un pape : « Votre Sainteté ».

A propos de *Robert-le-Diable*, laissez-moi rapporter ici un trait anecdotique passablement curieux.

Un des Nestors de la presse, M. Armand de

Pontmartin a raconté dans un de ses feuilletons de la *Gazette de France* comment il assista à la première représentation de *Robert-le-Diable*.

Il paraît que Meyerbeer, avec une modestie que n'aurait jamais eue un homme sans talent, était peu rassuré sur le sort de son œuvre; il était allé consulter mademoiselle Lenormant, la tireuse de cartes! Et celle-ci lui avait prédit *trois chutes*.

Le grand homme, fort inquiet, cherchait tous les moyens de conjurer ce destin fatal : il donna un billet à M. de Pontmartin qui venait de lui être présenté, pour recruter un applaudisseur de plus.

Le succès fut très grand. Quant aux *chutes*, on sait que celle de madame Dorus au troisième acte, de mademoisselle Taglioni pendant le ballet des nonnes, celle enfin de Nourrit, qui disparut au dernier acte dans la trappe où venait de s'enfoncer Bertrand Levasseur justifièrent les prédictions de mademoiselle Lenormand.

Mais quelle salle que celle de cette première de *Robert*, et comme le tout-Paris d'aujourd'hui pâlit à côté de celui-là. Le glorieux Paris de 1830 s'y trouvait tout entier.

Meyerbeer n'a donc pas eu, ce soir-là, à se plaindre de la sévérité du sort. Mais, plus tard, que de soucis! Hélas! ses coreligionnaires eux-mêmes l'ont pris à partie.

Un jour, un jeune sculpteur sur bois a cédé à la fantaisie de faire une figure de compositeur en ébène. — Pourquoi en ébène? va-t-on demander. Est-ce parce qu'après le bronze, l'ivoire et le marbre, l'ébène est ce qui dure le plus? — N'importe ; la statuette a été achetée un bon prix par un banquier hébreu qui l'a exposée dans son salon. Ceux qui viennent la lorgnent et disent : — Tiens, comme le grand musicien ressemble maintenant à un nègre ! Mais ce n'est pas à un noir de Guinée ou du Congo que l'artiste a voulu le faire ressembler, c'est à tout autre chose; c'est au diable lui-même, et vous allez voir pourquoi.

De son vivant, Meyerbeer avait refusé aux israélites de Hambourg et de Berlin une cantate pour l'inauguration de leurs temples, mais il figurait toujours parmi les collaborateurs de la *Maîtrise*, journal de musique catholique. Bien mieux, ses œuvres complètes roulaient toutes sur des sujets chrétiens. Aussi, avant de faire la statuette d'ébène, ses coreligionnaires ont composé pour lui cette épitaphe d'une poésie passablement risquée :

> Meyerbeer, dort sous ce sable;
> Il chanta Dieu et Robert-le-Diable ;
> Il chanta les huguenots, les calvinistes,
> Jean, le faux prophète des anabaptistes ;

> Il chanta Rome, le czar, Luther, le pape,
> Le moine, le guerrier, le Turc, le satrape ;
> Il chanta le lied, la messe, le *choral*,
> Le *Requiem* et l'*invitation au bal;*
> Il chanta tout, le digne et cher maître !
> Sauf la divine loi de son ancêtre,
> Nommé maître de chapelle de l'enfer,
> Il compose de belles choses pour Lucifer !

Par le fait d'un raffinement de cruauté tout à fait asiatique, cette épitaphe anticipée a été, un jour, mise sous la serviette de Meyerbeer, lequel a pu la lire en s'asseyant à table. Qu'on imagine la tête que le grand musicien a dû faire après avoir lu !

Pendant son long séjour à Paris, à l'époque de ses grands triomphes, l'auteur des *Huguenots* se montrait très friand d'éloges. Tout journal qui parlait de lui en bien l'enchantait. Une réclame paraissant même dans la dernière des feuilles de chou, devenait pour lui un régal d'Apicius. Comme Fiorentino avait fait sur lui deux feuilletons, l'un au *Constitutionnel*, l'autre au *Corsaire*, il invita le journaliste à dîner. Meyerbeer se fendre d'une dépense d'un festin à deux ! La chose ne s'était pas encore vue. Naturellement Fiorentino accepta, et l'on se rendit chez Paolo Broggi, restaurateur italien, voisin de l'Opéra. Mais le lendemain, en véritable petit-fils de l'Arétin, le feuilletonniste poussait des cris de paon.

— Ah ! le Fesse-Mathieu ! disait-il ; ah ! le triple pingre ! Comme il est bien le descendant de ceux qui, avant de s'enfuir d'Égypte pour passer la mer Rouge ont emporté les casseroles de Pharaon ! Un dîner ! il appelle ça un dîner ! Mais il n'y a pas un garçon perruquier qui ne se paie, le dimanche, un balthasar plus copieux ! Et, au dessert, comme il a renâclé ! Croiriez-vous qu'il ânonnait en demandant au garçon une demi bouteille de champagne, une affaire de cinquante sous !

On a conté bien des anecdotes sur Meyerbeer, notamment à propos de *Robert-le-Diable*, qui fut, comme on sait, son premier ouvrage français.

En voici une que je donne comme authentique et que je n'ai lue nulle part.

Meyerbeer, Prussien de naissance, mais parlant bien notre langue, n'a pourtant jamais pu se corriger du défaut commun à beaucoup de très jeunes Français qui consiste, dans la prononciation, à supprimer les *h* aspirées. Meyerbeer a toujours dit des *aricots*, des *arengs*, des *annetons*. Or, il arriva qu'à l'une des premières répétitions de *Robert*, les harpes ne partirent pas à temps, dans une importante rentrée. Prumier, premier harpiste de l'Opéra, fut interpellé par le compositeur. De cette voix caressante et diplomatique dont il avait le secret, il fit arrêter tous les instruments et dit à Prumier :

— Monsieur Prumier, je n'ai pas entendu la rentrée des *arpes ?*

— Ce n'est pas de notre faute, répliqua aussitôt le harpiste, parlant pour lui et ses collègues, c'est le garçon d'orchestre qui n'avait pas pensé à retirer les *ousses.*

— Les *arpes,* poursuivit le maître, sont-elles *désoussées* maintenant ?

— Oui, monsieur. Sur un signe de moi le garçon s'est *taté* de les mettre en ordre.

— Monsieur l'*arpiste,* je vous remercie.

— Il n'y a pas de quoi, monsieur le compositeur.

On a fait à Meyerbeer de magnifiques funérailles. Les obsèques faites, le conseil municipal a donné son nom à l'une des rues de Paris. Au nouvel Opéra, on voit son buste placé en regard des images les plus illustres. Ce n'était pas encore assez. Pour qu'on en fît un demi-dieu tout à fait il fallait la consécration de l'oraison funèbre. En 1865, M. Beulé, membre de l'Institut, l'homme des fouilles de l'Acropole, l'*heureux Beulé,* comme on disait dans ce temps-là, fut chargé par la section des Beaux-Arts de la mission de glorifier le défunt. Cet Athénien, transplanté sur le quai Conti, eut donc à emboucher la vieille trompette de Thomas. Il se mit à écrire et, un peu plus tard, il récita tout haut l'*Éloge de Meyerbeer*.

On accourut pour entendre la lecture de ce morceau. Bien entendu, ce devait être quelque chose comme une première représentation, mais le fervent admirateur du siècle de Périclès n'avait pas tourné trois feuillets de son manuscrit qu'on fut à même de voir qu'il avait d'étranges façons de faire les éloges. Après avoir dressé d'une manière irréprochable la nomenclature des œuvres lyriques du grand compositeur hébreu, il avait à s'expliquer sur le talent ou sur le génie du défunt; comme on voudra,

Eh bien, lisez et jugez.

« Meyerbeer, dit M. Beulé, n'a eu ni la ma-
» jesté antique de Gluck, ni la grâce divine de
» Mozart, ni l'éclat éminent de Rossini, ni même
» le parfum étrange de Weber. » — Pauvre Meyerbeer! Que lui restait-il donc? Une certaine verve saxonne, endiablée, orageuse; plus, le fait d'avoir abusé du cuivre dans ses orchestres. Raison pour laquelle Philibert Audebrand l'avait surnommé, dans le *Mousquetaire* d'Alexandre Dumas : Sa Sonorité, comme on dit pour un roi Sa Majesté et pour un pape Sa Sainteté.

Quant à l'auteur de l'*Éloge*, à l'*heureux Beulé*, on n'a pas oublié sa fin tragique. Au lendemain de nos désastres, comme il était parmi les opposants à l'Empire, il avait cru devoir entrer dans la politique courante. Celui qui s'était si souvent promené sur l'Agora était-il de taille à affronter les tempêtes de la démocratie ? M. Beulé fut l'un des ministres du Mac-Mahonnat et, un jour, on l'a trouvé baigné dans son sang, sur son lit. Il s'est tué sans qu'on ait jamais pu savoir pourquoi, puisqu'il passait pour être l'*homme heureux* par excellence. Un des zélateurs de *Robert-le-Diable*, disait à propos de ce suicide :

— Ne serait-ce pas la suite d'un remords et pour n'avoir point assez rendu justice à Meyerbeer ?

XXVII

UN QUART D'ACTRICE

Nommons-la très vite : Miss Emma Cruch ou mademoiselle Cora Pearl, comme on voudra.

Quoique tout passe avec la rapidité d'un coup de foudre, Paris n'a pas oublié cette Anglaise au chignon roux qui nous était venue de Londres en même temps que Louis Bonaparte. Ce n'est pas sans de sérieux motifs que je rapproche ces deux noms. La Phryné britannique a été l'une des étoiles qui ont le plus brillé dans le firmament du second Empire. D'un aveu unanime on a fait d'elle, durant vingt-cinq ans, le prototype de la courtisane moderne.

Dès 1852, Cora Pearl donnait le ton à ce monde de la galanterie dont les excentricités finissent toujours par déteindre sur le vrai monde. Ceux qui allaient au Bois voulaient avoir un équipage taillé sur le sien, avec de petits chevaux café-au-lait, le plus possible semblables à ceux qu'elle conduisait elle-même. Il va sans dire que les Parisiennes, à commencer par celles de la cour, copiaient ses habits, sa coiffure, toute sa façon d'être et bientôt ses allures fantasques.

— Puisque cette magicienne possède l'art d'attirer tous les hommes à elle, il faut bien, disait madame de P***, qu'on se mette en quatre pour lui ressembler. Cette reine-tapage ne se contentait plus d'avoir un salon, elle tenait à le transformer en un salon littéraire. Mademoiselle Cora Pearl dirigeait un bureau d'esprit, et la gloire de madame Récamier l'empêchait de dormir. Que dis-je? mademoiselle Cora Pearl, après Balzac, s'imposait la tâche d'écrire des *Études de mœurs*. La *Petite Revue* a cité un petit journal, à peu près inconnu, les *Ficelles parisiennes*, qui contient dans son premier numéro un article signé de ce nom illustre autour du Lac.

L'orthographe, d'ailleurs, y est respectée. Mais nous avions cru jusqu'ici que mademoiselle Pearl, habile à conduire un char et plus rapide à la course qu'Atalante, de preste mémoire, n'avait d'autre Abbaye-au-Bois que l'écurie, où elle collectionnait les chevaux que ses amis veulent bien lui confier. C'était une erreur. Mademoiselle Pearl ambitionnait aussi les lauriers littéraires. C'était un des *signes du temps ;* la soif de l'encre et la faim de la lettre moulée s'emparent de tous et les tourmentent. Mais les *tapageuses* de nos jours avaient beau faire, elles n'arrivaient jamais au talon des Marion Delorme ou des Ninon de Lenclos. Des unes aux autres, il y avait toute la distance qui existe entre les *Folies amoureuses* de Regnard et les folies de la *Mariée du Mardi gras.*

Cora avait alors des fantaisies de Cléopâtre menant par le bout du nez ou César ou Marc-Antoine. Toute la jeunesse dorée se mettait à ses ordres. Un jour, elle céda au caprice de se montrer sur un théâtre. On s'arrangea donc pour la faire débuter aux Bouffes-Parisiens. La pièce choisie était *Orphée aux enfers*, le chef-d'œuvre de Jacques Offenbach et la coqueluche de ce temps-là. Cora Pearl se présentait demi-nue sur la scène, en chantant avec un petit accent anglo-saxon assez vif les couplets qui commencent par : *Je sais l'Amour.* Ce soir-là, le Jockey-Club au grand complet garnissait la salle. Tous les noms blasonnés qu'on trouve dans le Livre d'or de la noblesse française étaient là, en gants blancs, la lorgnette d'ivoire à la main. Un journal du *high-ife* a donné, le lendemain, la liste de tous ces fils de Croisés accourus pour se pâmer devant cette fille de la Grande-Bretagne. Ce fut une sorte de succès.

— Tiens, me voilà actrice française, se disait miss Emma Cruch. On fait décidément tout ce qu'on veut faire.

Il paraît que la belle avait déjà croqué de ses jolies dents blanches une brochette de cinq ou six grandes fortunes historiques. Et pourquoi pas? Peu de temps avant de s'éteindre, un petit rougeaud assez spirituel, le jeune duc de Gramont-Caderousse, avait un mot pour caractériser la chose.

— Si les Frères Provençaux servaient une omelette aux diamants, Cora irait y dîner, tous les soirs.

Pendant son court passage aux Bouffes-Parisiens, elle arrivait une heure avant la pièce, au galop de deux arabes à robe noire. En descendant, elle voyait quelque gentilhomme à gilet en cœur lui tendre le bras. Une fois dans les coulisses, on lui enlevait sa capeline. Tout aussitôt les feux de ses diamants étincelaient; elle ressemblait, disait B***, à une devanture de magasin éclairée *à giorno*. Et même, un soir, sur la scène, un instant avant le lever du rideau, tout en faisant ses gestes, elle fit tomber de ses jupes deux boutons en brillants.

— Bast! dit-elle, ce n'est pas la peine de me baisser pour si peu : ce sera pour l'habilleuse.

Chacun des deux boutons valait deux mille

francs; cela faisait donc quatre mille francs pour l'habilleuse, le double de ce qu'elle gagnait en un an.

Jugez de ce que pouvait produire une telle scène sur les petites figurantes de l'endroit. — Le directeur, afin de la retenir, parlait de lui payer des feux.

Elle se mit à lui rire au nez. — Une poignée de louis, quelques chiffons de papier joseph ! Y avez-vous bien songé, brave homme? Si vous aviez eu à lui donner de la monnaie de Golconde ou d'Ophir, à la bonne heure, et encore un succès persistant l'eût ennuyée ou encore ça aurait pu ralentir la marche de ses affaires. Elle a détesté le théâtre au bout de quinze jours. Or, comme on ne venait guère que pour la voir, le théâtre a été ruiné. Elle le traitait presque en fils de famille.

Depuis ce temps-là cependant, mademoiselle Emma Cruch avait baissé. D'abord elle s'est fanée. En second lieu Sedan a été pour elle le signal d'une chute soudaine. On ne pouvait plus voir, à Chaillot, le prince Jérôme qui dorait sa maison. Au point de vue des châtiments de l'histoire, c'était même dommage, car enfin le nom qu'il portait, accolé à celui de cette fille, était déjà d'un beau ragoût, quand on se rappelait Sainte-Hélène et sir Hudson Lowe. C'était encore l'Angleterre qui rongeait un Napoléon. Ainsi donc, le protecteur principal n'était plus là. On ne lorgnait déjà plus qu'à demi le panier célèbre du Bois quand la courtisane faisait sa promenade accoutumée. Déjà même l'oreille commençait à entendre ces huées de la foule dont l'usage est de poursuivre tout ce qui tombe. « Au » rebut, Emma Cruch! Ils ne veulent plus de » vous, Cora! Adieu, panier! Adieu, poneys! » Vendez vos diamants, la vieille! Il faut disparaître au fond du cinquième dessous où, par » bonheur, s'évanouissent toutes vos pareilles! »

Ah! comme la folle déesse qu'on adorait autrefois à Antium, comme l'aveugle Fortune est ingénieuse à se venger!

L'Empire tombé, les princes de hasard ayant fondu comme neige, la prétendue prospérité des dix-huit années napoléoniennes étant évanouie, que pouvait faire Emma Cruch? Hélas! Cora Pearl, vieillie, fanée, plâtrée, usée, ridée était à mettre au rancart comme le trône des Césars. En ce moment vint à passer le fils d'un bourgeois. Le père avait eu un certain mérite. Il avait inventé l'art de faire vivre Paris sans le faire manger, ou bien, si vous voulez, l'art de le faire manger sans le faire vivre, autrement dit le bouillon Duval. A ce métier, il avait gagné huit millions, une fortune de nabab. De cette somme, en mourant, le brave homme laissa la moitié à son fils. — Quatre millions qui sont allés rouler dans cet égout. — Mais en voilà assez là-dessus. Les honnêtes gens se sont indignés. Comment! on en est arrivé à trouver noble Georges Dandin et à regretter Des Grieux! Faudra-t-il donc dire que le sol français n'est plus que du fumier?

Mais le jeune fils Duval, épris de mademoiselle Cora Pearl, a voulu faire du drame. Comme elle lui tenait rigueur, il s'est donné un coup de revolver sur le seuil de l'hôtel et mademoiselle Emma Cruch n'a pas bronché pour si peu. Seulement on l'a exilée à cause de ce fait. Exilée! une analogie avec madame de Staël!

En cherchant bien, on trouverait, hélas! une autre ressemblance entre Cora Pearl et l'auteur de *Corinne*. Voulant être auréolée de toutes les gloires, mademoiselle Emma Cruch a voulu, un jour, ainsi que nous l'avons déjà dit en commençant, tâter du laurier des poètes. Sous l'Empire paraissait une sorte de journal, sous ce titre: Les *Ficelles littéraires*. En 1868, ce recueil publia une Nouvelle, signée de l'Anglaise rousse qui faisait, en ce temps-là, tourner toutes les têtes.

— Si l'on forme une Académie de femmes, elle en sera, disait M. de M..., un clubman d'alors.

Au fait, pourquoi pas?

XXVIII

PENDANT LE SIÈGE DE PARIS.

Les canons de la Société des Gens de lettres.

Il n'y a qu'une voix dans le monde connu sur ce qui s'est passé pendant le siège de 1870-1871 ; Paris s'y est montré sublime d'abnégation et de patriotisme ; Paris a tout affronté sans se plaindre : la guerre, le froid, la famine, la mort ; Paris a su endurer avec une dignité stoïque les insultes de l'envahisseur.

Avant que ne sonnât l'heure de tant d'épreuves, on ne croyait pas qu'une telle résistance fût chose possible. Les anciens se rappelaient 1814 et 1815, ces deux invasions d'hommes du Nord que nous a amenées le premier Napoléon et ils supposaient que les Parisiens de 1870 ouvriraient leurs portes avec la même docilité que leurs aînés. J'ai entendu de beaux esprits rappeler le

mot du vieux Sébastien Mercier : « Paris se ren-
» drait plutôt que de se passer de fraises ». Dieu
soit loué! tous se sont trompés. Les Parisiens
ont improvisé en quelques jours une armée de
500,000 bayonnettes et ils se sont assujettis, durant tout un cruel hiver, à toutes les duretés de
la vie du soldat. Quant à la population qui n'était
pas propre à porter les armes, elle n'a pas songé
un quart de minute à réclamer des fraises, ni
aucune superfluité d'aucun genre. Pendant cinq
mois, les plus âpres du calendrier, elle a eu assez
de vertu civique pour se changer en spartiate.
Elle s'est faite au pain de munition. Elle ne se
nourrissait que de viande de cheval. Notez que
cette discipline était la même pour les million-
naires et pour les gens du peuple. Toute délicatesse ayant trait au luxe de la table était proscrite d'un bout à l'autre de la grande cité. Spectacle merveilleux! pas un murmure ne s'est fait
entendre. On souffrait et l'on était heureux de
souffrir, pourvu qu'à la fin les Allemands fussent
reconduits au delà du Rhin.

En temps ordinaire, à Paris, les théâtres sont
la plus grande des ressources commerciales et
aussi le lien obligé de la vie sociale. Bien plus
qu'à Athènes et à Rome antiques, le grand
peuple d'ici se montre friand de belle prose, de
beaux vers et de belle musique. Non seulement

la pente du génie national le veut ainsi, mais encore cent industries diverses sont intéressées à ce qu'on ne laisse point chômer un seul jour le Drame ni le Chant, la Comédie ni le Ballet. L'art dramatique fait sans cesse couler à travers la capitale l'or par ruisseaux. Sans qu'on ait l'air de s'en douter, trois cent mille têtes ont pour fonction de s'occuper sans interruption du mouvement théâtral. En dernier résultat, c'est du pain pour les travailleurs; c'est du plaisir, souvent même c'est la santé de l'esprit pour les oisifs.

A dater du 17 septembre, jour de l'investissement, tous les théâtres se fermèrent spontanément. Aucun ordre n'avait été nécessaire ; Paris comprenait d'instinct que la grandeur de nos désastres nous commandait un soudain recueillement. Il n'y avait plus qu'à songer à nous défendre. « A bas tous les arts, excepté l'art de la guerre ! » s'écriait dans un élan à la Danton le jeune et valeureux tribun en qui s'est plus particulièrement incarnée la Défense nationale tant à Paris qu'à Tours. Il n'y a que le changement à vue d'une féerie qui puisse donner une idée de la rapidité avec laquelle s'était accomplie cette soudaine métamorphose de nos mœurs et de nos habitudes. Et le second Empire s'était efforcé d'émasculer la population par dix-huit années du sybaritisme le plus raffiné.

Non, il n'y avait plus de théâtres ouverts dans l'enceinte de Paris. Néanmoins, pendant ces cinq mois d'un âge de fer, on a pu se livrer à quelques intermèdes lyriques s'adaptant à la gravité des circonstances. De ce nombre ont été deux grandes matinées poétiques, organisées, l'une au théâtre de la Porte-Saint-Martin et l'autre à l'Opéra.

La chose vaut la peine d'être racontée.

Quand Paris fut investi, on vit combien avait été grande l'incurie du gouvernent impérial. Il ne se trouvait pas assez d'artillerie pour protéger nos murs. On se dit alors de cent côtés à la fois, en montrant du doigt les usines de nos faubourgs : « — Eh bien, fondons des canons. » Mais avec quel argent ? C'était aux patriotes à s'ingénier, à trouver des théories chez eux-mêmes. Les artistes et les gens de lettres ne pouvaient demeurer inactifs au milieu de cette généreuse agitation. Ils s'entendirent, ils se groupèrent et ils dirent à la Défense : « Nous fournirons notre « quote-part au fonds commun ».

Il s'agissait donc, d'abord, d'un canon littéraire à fondre. Pour le fondre, une somme assez forte était indispensable. Où trouver cet argent ? On le demanda aux vers d'un grand poète.

C'est cette histoire d'un canon tiré d'un recueil

de poésies que nous racontons, d'après le *Bulletin* de la Société des Gens de lettres.

5 NOVEMBRE. — Audition des *Châtiments* au théâtre de la Porte-Saint-Martin.

Pour cette solennité, le Comité a fait imprimer et distribuer l'annonce suivante :

« La Société des Gens de lettres a voulu, elle aussi, donner son canon à la Défense nationale, et elle doit consacrer à cette œuvre le produit d'une *matinée littéraire*, dont son président honoraire, M. Victor Hugo, s'est empressé de fournir les éléments.

» L'audition aura lieu mardi prochain, à deux heures précises, au théâtre de la Porte-Saint-Martin. Les principales pièces des *Châtiments* y seront dites, pour la première fois, par l'élite des artistes de Paris.

PROGRAMME.

PREMIÈRE PARTIE.

Ouverture.	WEBER.
Notre souscription.	JULES CLARETIE.
Les Volontaires de l'an II.	TAILLADE.
A ceux qui dorment	Mlle DUGUERRET.
Hymne des transportés.	LAFONTAINE.
La Caravane	Mlle LIA-FÉLIX.
Souvenir de la nuit du 4.	FRÉDÉDÉRICK LEMAITRE.

DEUXIÈME PARTIE.

Adagio	Mozart.
L'Expiation	Berton.
Stella	Mlle Favart.
Chansons	Coquelin.
Joyeuse vie	Mme Marie Laurent.
Patria, musique de Beethoven, chantée par	Mme Gueymard-Lauters.

» A la demande de la Société des Gens de lettres, M. Raphaël-Félix a donné gratuitement la salle ; tous les artistes dramatiques, ainsi que M. Pasdeloup et son orchestre, ont tenu à honneur de prêter également un concours désintéressé à cette solennité patriotique. »

J'assistais à cette fête ; j'ai vu tout ce qui s'y est passé.

La salle, bondée de spectateurs de toutes les conditions et de tous les costumes, se montrait enthousiaste et recueillie. Presque toutes les femmes, en habits de deuil, n'avaient plus en vue qu'une chose sérieuse, la guerre aux remparts. Elles faisaient voir un visage grave mais non abattu. On commença par jouer la *Marseillaise*, signal obligé de tous les épisodes de la vie commune, l'hymne de combat dont la guerre civile n'avait pas encore abusé. Et Dieu sait avec quels transports il fut applaudi! Après cet air qui parlait le langage d'un glorieux passé, un des membres du comité de la Société des Gens de lettres, M. Jules Claretie s'avança sur le devant de la scène, et dans une chaleureuse allocution, expliqua les causes et l'objet de cette matinée.

On me saura assurément gré de reproduire ici les principaux passages de son discours.

« Citoyennes, citoyens,

» A cette heure, la plus grave et la plus terrible de notre histoire, où la patrie est menacée jusque dans son cœur — Paris — tout homme ressent l'âpre désir de servir un pays qu'on aime d'autant plus qu'il est meurtri.

» La Société des Gens de lettres, voyant avec douleur la grande patrie de la pensée, la patrie de Rabelais, la patrie de Pascal, la patrie de Diderot, la patrie de Voltaire, abaissée et écrasée sous la botte d'un uhlan, a voulu, non seulement par chacun de ses membres, mais en corps, affirmer son patriotisme, et, puisque le canon dénoue aujourd'hui les batailles, puisque le courage est peu de chose quand il n'a pas d'artillerie, la Société des Gens de lettres a voulu offrir un canon à la patrie.

» Mais comment l'offrir ce canon? Avec quoi faire le bronze ou l'acier qui nous manquait?

» Il y avait un livre qu'on n'avait publié sous

l'Empire qu'en se cachant et en le dérobant à l'œil de la police ; livre patriotique qu'on se passait sous le manteau, comme s'il se fût agi d'un livre malsain ; livre superbe qui, au lendemain de Décembre, à l'heure où Paris était écrasé, où les faubourgs étaient muets, où les paysans étaient satisfaits, protestait contre le crime, et, au nom de la conscience humaine étouffée, prononçait dès 1851 le mot de l'avenir et le mot de l'histoire : *Châtiment!*

» Il y avait un homme qui, depuis tantôt vingt ans, représentait le volontaire exil, la négation de l'Empire, la revendication du droit proscrit, un homme qui, après avoir chanté les roses et les enfants, plein d'amour, s'était tout à coup senti plein de courroux et plein de haine.

» C'est à ce livre qui avait deviné l'avenir, et à ce poète qui, fidèle à l'exil, a loyalement tenu le serment juré, que nous voulions demander, nous Société des Gens de lettres, de nous aider dans notre œuvre. Victor Hugo est notre président honoraire. Voici la lettre que lui adressa notre Comité :

« Cher et honoré président,

» La Société des gens de lettres veut offrir un canon à la Défense nationale.

» Elle a eu l'idée de faire dire par les premiers artistes de Paris quelques-unes des pièces de ce livre proscrit qui rentre en France avec la république, les *Châtiments* .

» Fière de vous qui l'honorez, elle serait heureuse de devoir à votre bienveillante confraternité le produit d'une matinée tout entière offerte à la patrie, et elle vous demande de nous laisser appeler ce canon le *Victor Hugo.* »

» Le lendemain, Victor Hugo nous répondait :

« Paris, 30 octobre 1870.

« Mes honorables et chers confrères,

» Je vous félicite de votre patriotique initiative. Vous voulez bien vous servir de moi. Je vous remercie.

» Prenez les *Châtiments*, et, pour la défense de Paris, vous et ces généreux artistes vos auxiliaires, usez-en comme vous voudrez.

» Ajoutons, si nous le pouvons, un canon de plus à la protection de cette ville auguste et inviolable, qui est comme une patrie dans la patrie.

» Chers confrères, écoutez une prière. Ne donnez pas mon nom à ce canon. Donnez-lui le nom de l'intrépide petite ville qui, à cette heure, partage l'admiration de l'Europe avec Strasbourg qui est vaincue et Paris qui vaincra.

» Que ce canon se dresse sur nos murs. Une ville ouverte a été assassinée, une cité sans défense a été mise à sac par une armée devenue en plein dix-neuvième siècle une horde ; un groupe de maisons paisibles a été changé en un monceau de ruines. Des familles ont été massacrées dans leur foyer. L'extermination sauvage n'a épargné ni le sexe ni l'âge. Des populations désarmées, n'ayant d'autre ressource que le suprême héroïsme du désespoir, ont subi le bombardement, la mitraille, le pillage et l'incendie : que ce canon les venge !

» Que ce canon venge les mères, les orphelins, les veuves; qu'il venge les fils qui n'ont plus de pères et les pères qui n'ont plus de fils ; qu'il venge la civilisation ; qu'il venge l'honneur universel ; qu'il venge la conscience humaine insultée par cette guerre abominable où la barbarie balbutie des sophismes ! Que ce canon soit implacable, fulgurant et terrible, et quand les Prussiens l'entendront gronder, s'ils lui demandent : — Qui es-tu ? qu'il réponde : — Je suis le coup de foudre ! et je m'appelle Châteaudun ?

« Victor Hugo. »

» Je ne veux pas vous empêcher plus longtemps d'écouter les admirables vers et les remarquables artistes que vous allez entendre. Je ne veux pas plus longtemps vous parler de notre souscription, je ne veux que vous faire remarquer une chose qui frappe aujourd'hui, en lisant ce livre des *Châtiments*, dont nous détachons pour vous quelques fragments. C'est l'étonnante prophétie de l'œuvre. Lu à la lumière sinistre des derniers événements, le livre du poète acquiert une grandeur nouvelle. Le poète a tout prévu, le poète a tout prédit. Il avait deviné dans les fusilleurs de Décembre ces généraux de boudoir et d'antichambre qui traînent

Des sabres qu'au besoin ils sauraient avaler.

» Il avait deviné dans le sang du début la boue du dénouement.

» Oui, comme une prédiction terrible, les vers des *Châtiments* me revenaient au souvenir lorsque je parcourais le champ de bataille de Sedan, et j'étais tenté de les trouver trop doux lorsque je voyais ces quatre cents canons, ces mitrailleuses, ces drapeaux qu'emportait l'ennemi, lorsque je regardais ces mamelons couverts de morts, ces soldats couchés et entassés, vieux zouaves aux barbes rousses, jeunes Saint-Cyriens encore revêtus du costume de l'École, artilleurs foudroyés à côté de leurs pièces, conscrits tombés dans les fossés, et lorsque me revenaient ces vers de Victor Hugo sur les morts du 4 décembre, vers qui pouvaient s'écrire aussi sur les cadavres du 4 septembre :

> Tous, qui que vous fussiez, tête ardente, esprit sage,
> Soit qu'en vos yeux brillât la jeunesse ou que l'âge
>   Vous prît et vous courbât
> Que le destin pour vous fût deuil, énigme ou fête,
> Vous aviez dans vos cœurs l'amour, cette tempête,
>   La douleur, ce combat.
>
> Grâce au Quatre Décembre, aujourd'hui, sans pensée,
> Vous gisez étendus dans la fosse glacée
>   Sous les linceuls épais ;
> O morts ! l'herbe sans bruit croît sur vos catacombes,
> Dormez dans vos cercueils ! taisez-vous dans vos tombes !
>   L'Empire, c'est la paix.

» Avec le neveu comme avec l'oncle : — l'Empire, c'est l'invasion.

» Il avait donc, encore un coup, deviné, le grand poète, tout ce que l'Empire nous réservait de lâchetés et de catastrophes. Il était le prophète alarmé de cette chute qui n'a point d'égale dans l'histoire, de cette reddition dont une lèvre française ne peut parler sans frémir, il avait tout deviné, et, devant le triomphe de l'abjection, sa colère pouvait passer pour excessive. Hélas ! le sort lui a donné raison, et les *Châtiments* restent le livre le plus éclatant, le fer rouge inoubliable, et ils consoleront la patrie de tant de honte, après l'avoir vengée de tant d'infamie !

« Puis, les désastres vengés, la patrie refaite,

la France régénérée, la France reconquise, arrachée à l'étranger, sauvée et lavée de ses souillures, alors nous reprendrons notre œuvre de fraternité après avoir fait notre devoir de patriotes, et nous pourrons écrire fièrement, nous, et sans mensonge:

« *La République, c'est la paix!* »

Immédiatement après ce discours, qui avait été applaudi à chaque alinéa, les artistes ont défilé l'un après l'autre, devant le public, suivant l'ordre indiqué par le programme. Berton, alors tout jeune, soldat la veille pour le redevenir le lendemain, a dit l'*Expiation*, ce beau poème, animé de vers vengeurs; Taillade l'avait précédé en récitant les *Volontaires de l'An II;* Lafontaine avec l'*Hymne des Transportés;* Mesdames Duguerret, Lia-Félix, Favart et Marie Laurent étaient venues à leur tour tempérer par des strophes plus douces ces cris de colère et ces accents de fureur martiale. On les avait tous et toutes accueillis par des bravos bien mérités; mais, à la fin de la première partie, quand Frédérick Lemaître se présenta, un silence solennel et presque religieux se fit dans toute la salle. L'illustre artiste était déjà un peu ployé par l'âge, mais par l'effort d'une volonté que lui inspiraient sans doute ce théâtre et ses premiers succès et le caractère des événements, il trouva moyen de se redresser de toute sa hauteur et de recouvrer l'attitude de sa jeunesse. On savait qu'il allait dire cent vers magnifiques et terribles, ceux où une pauvre femme du peuple, une vieille grand'mère, raconte un épisode de la nuit du 4 décembre 1851, cette nuit sacrilège où les soldats de Louis Bonaparte ont assassiné un enfant de sept ans. Chercher à décrire de quel ton Frédérick Lemaître exprima ce drame serait au-dessus de nos forces. Il fallait voir le grand acteur ! Il fallait l'entendre ! Au moment où il arriva à cet endroit où la pauvre vieille demande pourquoi ce meurtre a été commis :

...... Je veux que l'on m'explique !
L'enfant n'a pas crié : « Vive la République ! »

à ce moment là, il y avait tant de sanglots et de telles larmes dans la voix du comédien qu'un frisson d'horreur courut à travers l'assemblée entière. En ce moment-là, le triste sire de Sedan se promenait dans le parc de Wilhelmsohe, que son bon cousin, le roi de Prusse, lui avait donné pour prison. Que n'était-il dans la salle de la Porte-Saint-Martin, perdu dans la foule ou caché dans la pénombre d'une baignoire ? Il aurait pu voir quels redoublements d'indignation excitait encore après dix huit ans *Le crime du 2 Décembre !*

Cette première matinée avait produit une belle

recette, allongée d'une quête faite par les actrices: 7,577 francs 50 centimes desquels il fallait distraire les frais, 577 francs. En regard de se succès, la commission demanda à M. Victor Hugo l'autorisation de donner une seconde fête pour entendre les *Châtiments*. A quelques jours de là, M. Paul Meurice apporta à la Société des Gens de lettres l'autorisation demandée. Il y a donc eu un second canon, obtenu de la même manière, c'est-à-dire tiré des mêmes vers, récités, cette fois, à l'Opéra, à peu de choses près par les mêmes artistes.

Comme il s'agissait d'une manifestation populaire, il fut stipulé qu'on ne ferait pas payer le prix des places. Entrait donc qui voulait. Mais Paris battait alors d'un seul cœur; il avait les mêmes sentiments et la même tenue grave. Ceux des gens du peuple qui se présentèrent à la porte du théâtre aristocratique s'y comportèrent avec la décence qu'on rencontre chez les gens de bon ton. Là, aussi, il y avait un grand nombre de jeunes femmes et, en songeant aux malheurs de la patrie, toutes avaient voulu venir en deuil.

J'ai dit que le programme était le même que celui de la matinée donnée au théâtre de la Porte-Saint-Martin et les artistes aussi les mêmes. Il y aurait donc à reproduire notre compte rendu de tout à l'heure. Signalons pourtant deux ou trois variantes ou deux ou trois nouveautés, comme on voudra. Cette fois, le discours d'introduction fut prononcé par M. Tony Révillon, et fort éloquemment. Il va sans dire que la *Marseillaise* l'avait précédé. Qu'on s'imagine la *Marseillaise* jouée par les cent cinquante instrumentistes du meilleur orchestre du monde connu, exécutants d'élite, dirigé par Georges Hainl. Il en résultait un effet magique. Dans son allocution, à coup sûr improvisée, M. Tony Révillon, rappelant ce qui se passait, il y avait peu de temps, dans cette même salle de l'Opéra, fréquentée de préférence par Napoléon III et par la cour, par les rois de l'Europe, ses hôtes, et par tous les souteneurs de son règne, demanda au peuple, présent, de ne plus souffrir que ses destinées dépendissent à l'avenir des caprices ou de la folie d'un seul homme. Au moment où le futur député de Belleville parlait ainsi, on échangeait des coups de mousqueterie aux avant-postes et les obus allemands pleuvaient sur nos têtes. Voilà ce qu'amenait pour la troisième fois un despote qui portait le nom de Bonaparte.

Rue Le Peletier comme au boulevard Saint-Martin, cette histoire de la troisième invasion, qu'il n'était pas possible de ne pas rappeler, causait à travers la foule l'émotion la plus vive. Vinrent les artistes en s'efforçant, les uns les autres, de servir d'interprète aux plus belles pièces des *Châtiments*, et l'enthousiasme déborda de tous les cœurs. Pendant une sorte d'entr'acte, les actrices, marchant aux bras de cinq commissaires, choisis parmi les écrivains en renom, se changèrent en quêteuses. — Un détail à ne pas omettre : l'affiche avait dit qu'on quêterait dans des casques prussiens, et cette promesse fut tenue : Mesdames Duguerret, Marie Laurent, Sarah Bernardt, Favart et les autres ont quêté dans des casques pris sur le champ de bataille de Champigny et elles ont ainsi recueilli une somme de 1,500 francs.

Telle est l'histoire des deux canons de la Société des Gens de lettres.

XXIX

L'ACTRICE FAITE HOMME

PERSONNAGES :

Mademoiselle Picrocholine, actrice d'un théâtre de genre.
Mademoiselle Impéria, jeune première d'un autre théâtre.
L'habilleuse.

(La scène se passe au théâtre des Surprises dramatiques, pendant le dernier entr'acte.)

SCÈNE PREMIÈRE

MADEMOISELLE PICROCHOLINE, *à l'habilleuse.* — Non, il ne faut pas me faire une raie. La raie, c'est le vieux jeu. Ça date du temps du duc de Morny. La Gomme a changé ça. Un réseau de cheveux surplombant un peu l'arcade sourcilière, voilà le chic d'à présent pour le côté des hommes. *(Après avoir jeté un coup d'œil sur son miroir.)* Vous entendez bien, mère Laloue. La Gomme, rien que la Gomme. Je joue le rôle d'un pigeon du Jockey-Club qui se croit aimé pour lui-même.

et qu'on plume en se f.... fichant de lui tout le temps. Il faut que j'y aie du zinc, ce soir. Sans ça, les vieux de l'orchestre regretteraient trop Déjazet; et ils *appelleraient Azor.*

L'HABILLEUSE. — Vous siffler, vous, mademoiselle! Pas de danger, par exemple!

MADEMOISELLE PICROCHOLINE, *minaudant.* — Pourquoi, mame Laloue?

L'HABILLEUSE. — Parce que sur les trente théâtres, sans exception, depuis l'Opéra jusqu'au dernier boui-boui que Paris renferme dans son sein, on n'en trouve pas une pour jouer les rôles d'homme comme mademoiselle.

PICROCHOLINE, *se rengorgeant.* — En effet, c'est ce que M. Francisque Sarcey répète toutes les semaines dans son feuilleton, imprégné de tant de bon sens. A propos, mère Laloue, ouvrez un peu la porte du petit placard, là, à gauche.

L'HABILLEUSE. — Pourquoi faire?

PICROCHOLINE. — Tiens, pour y prendre une petite fiole noire à col tordu : du kirsch de la forêt Noire. Je vous invite à en prendre une petite tournée avant les trois coups de cet imbécile de régisseur.

L'HABILLEUSE. — Bien honnête, mademoiselle.

PICROCHOLINE. (*Elle débouche le flacon et verse de la liqueur dans deux petits verres.*) Ah! ce n'est pas de la camelotte de kirsch comme tous ceux qu'on fait avaler à mes galapias de contemporains, les princes russes compris. C'est réellement fait avec de la cerise macérée dans son jus, le noyau compris. *(Elles boivent.)* — Votre opinion, mame Laloue?

L'HABILLEUSE. — Mon sentiment sincère, ma petite chatte, c'est qu'il n y a rien de plus rupin en fait de liquide. Feu la Malibran, que j'ai déshabillée plus de trois cents fois aux anciens Bouffons, n'a jamais eu de fil-en-quatre aussi chenu que celui-la.

(On entend tout à coup une sonnerie.)

SCÈNE II

PICROCHOLINE. — Ah! c'est pour dire que nous n'avons plus que dix minutes. Voyons, mam' Laloue, mes moustaches.

L'HABILLEUSE. — Attendez, ma biche, je vous colle ça en deux temps et trois mouvements.

(En ce moment, il se fait un bruit inaccoutumé à la porte de la loge.)

VOIX DE FEMME. — Est-ce ici?

AUTRE VOIX. — Oui, madame.

VOIX DE FEMME. — Je frappe, alors, puisqu'on refuse de m'ouvrir. — Pan! pan! pan!

MADEMOISELLE IMPERIA. — Mademoiselle Impéria, du théâtre de***.

PICROCHOLINE, *en s'adressant à la cantonade.* — Tiens, qu'est-ce qu'elle vient faire dans notre bazar, cette grue-là?

MADEMOISELLE IMPÉRIA. — Ce que je viens faire, vous allez le voir.

PICROCHOLINE. — Eh bien, attendez.

MADEMOISELLE IMPÉRIA. — Du tout. Je suis pressée.

PICROCHOLINE. — Tiens, moi aussi, puisque je suis en train de mettre mes bottes.

(*Au bout de dix minutes, la porte s'ouvre.*)

MADEMOISELBE IMPÉRIA, *en costume de ville, chapeau, châle et manchon, entre en grondant comme la tempête qui se déchaîne sur la Méditerranée. Après avoir fait trois pas d'une manière théâtrale, elle tire d'un sac un paquet de lettres.* — Mademoiselle, reconnaissez-vous ça?

PICROCHOLINE, *fièrement..* — Oui, madame : ce sont des pattes de mouches venant de moi.

MADEMOISELLE IMPÉRIA. — Des lettres adressées à Thémistocle Fanfreluche?

PICROCHOLINE. — Précisément.

MADEMOISELLE IMPÉRIA. — Thémistocle Fanfreluche est l'homme que je vais épouser dans quinze jours d'ici, mademoiselle.

PICROCHOLINE. — Par devant M. le maire et M. le curé?

MADEMOISELLE IMPÉRIA. — Oui, mademoiselle.

PICROCHOLINE. — Eh bien, entre nous, il a bon goût, ce pas grand'chose : vous! un vrai bâton!

MADEMOISELLE IMPÉRIA. — Mais, mademoiselle, vous m'insultez chez vous !

PICROCHOLINE. — Rien de plus simple, puisque vous venez me braver chez moi. *(De fil en aiguille, de mots en mots, elles se jettent l'une sur l'autre et se crêpent le chignon. Finalement, c'est mademoiselle Impéria qui a le dessous.)*

MADEMOISELLE IMPÉRIA. — Elle m'a assommée, cette harpie!

L'HABILLEUSE. — Dame, c'est tout simple. Pourquoi venir provoquer dans sa loge une actrice qui porte des moustaches?

(Mademoiselle Impéria se retire en sanglotant.)

SCÈNE III

(Un quart d'heure après.)

PICROCHOLINE. — Eh bien, ça me fait rire de l'entendre pleurnicher, cette chipie en six lettres. D'ailleurs, voilà ce qui va arriver, mame Laloue. D'ici à peu de jours, après le mariage, elle rendra ça à Thémistocle Fanfreluche, capital et intérêts.

L'HABILLEUSE. — Effectivement, ma petite chatte : c'est toujours comme ça que ça se passe au théâtre.

XXX

CEUX QUI DEVIENNENT FOUS.

Mon Dieu, comment leur serait-il possible de ne pas devenir fous? Qu'on songe à l'âpreté d'un état dans lequel il faut, durant toute la vie, simuler des sentiments qu'on n'éprouve pas ou éprouver des sensations qui sont mortelles dès qu'on les ressent! A un jeune avocat qui venait lui demander des conseils sur l'art oratoire, si proche parent de l'art théâtral, Talma recommandait de laisser dormir le cœur pour ne réveiller que la mémoire. — « Si vous mettez de » l'émotion dans ce que vous dites, ajouta-t-il, » vous êtes un homme perdu ; vous ne vivrez pas » dix ans. » Edmond Kean, le grand acteur anglais, tenait un langage à peu près semblable à un néophyte que lui adressait Richard Sheridan. — « Prenez bien garde! On est exposé, tous les

» soirs, à avoir le vertige sur le théâtre. Ou l'on » y meurt vite ou l'on y devient fou. » Kean avait cherché un dérivatif dans l'ivresse et nous savons tous qu'il y est mort, prématurément, triste et délaissé.

Pour plaire au public, pour captiver la foule, un acteur a sans cesse à accomplir, moralement parlant, des tours de force. Ce qu'un clown fait avec ses membres sur l'arène d'un cirque, il faut qu'il le fasse, lui, avec les ressorts de l'esprit ou de l'âme dans l'enceinte d'un salon. Très souvent dans la même soirée, il est amoureux rebuté, joueur malheureux, conspirateur politique, assassin. Les poètes le poussent sans cesse aux extrêmes. Il doit aller constamment de la température de la glace à celle de l'eau bouillante. Il ne vaut rien, s'il n'y a pas en lui vingt hommes divers et il a rendu ces vingt personnages dans les circonstances les plus discordantes de la vie sociale. Arrangez cela avec l'hygiène, si vous pouvez.

Celui qui a payé sa place en entrant se croit quitte envers l'acteur, parce qu'il a jeté une pièce blanche au guichet. Pour cette mince rétribution, il lui faut de la joie pour toute la soirée. Le matin, il a appris que sa ferme de Normandie a brûlé, perte réelle : 30,000 francs. Eh bien, que le comédien le console pour 30,000 francs. Hier, sa fille s'est enfuie avec son pianiste. Très grand chagrin de famille. Dame, cet histrion lui fera oublier ce profond ennui, au moins pour trois heures. Il s'est cassé la tête, lui, gros négociant, toute la journée avec des chiffres et peu s'en faut qu'il ne tombe de fatigue ou d'effroi en voyant que ses chiffres lui prédisent qu'il va faire faillite. Allons, allons. Les saillies de ce comique lui remettront du baume dans le sang et il ne mourra pas pour cette fois-là. Seulement, peut-être, à la fin de la soirée, l'acteur aura-t-il perdu la raison.

Or, si, demain, à son réveil, le journal du citadin lui annonce ce fait, cet excellent bourgeois dira sous forme d'*aparté*, en s'adressant à sa femme :

— Que veux-tu, c'est là le sort de tous ces farceurs-là! C'est la vie qu'ils mènent qui veut ça

Acteurs et actrices, il en est beaucoup aussi qui ne sauraient envisager sans une sorte de terreur une salle pleine, tout un océan de têtes effarées, souvent stupides, quelquefois féroces.

— Le public a beau m'applaudir, disait la Malibran; le public est un monstre qui me fait peur.

Et elle ne paraissait devant lui qu'après avoir bu un cordial, souvent corrosif.

Un coup de sifflet du monstre a rendu fou le pauvre Adolphe Nourrit, après quoi, le grand chanteur s'est tué en se jetant par la fenêtre.

Ceux qui deviennent fous au théâtre sont, par malheur, très nombreux.

Citons-en quelques-uns de mémoire.

Stockley, ancien acteur de l'Ambigu, et plus tard de l'Odéon.

Monrose, l'excellent valet de la Comédie-Française.

Lepeintre aîné, le créateur du *Soldat laboureur* aux Variétés.

Villars, acteur applaudi à la Porte-Saint-Martin et au Gymnase.

Lhérie, frère du vaudevilliste Brunswick, auteur et artiste dramatique.

André Hoffmann, l'excellent comique des Variétés.

Anatole Gras, qui a tenu avec succès l'emploi des troisièmes rôles à la Porte-Saint-Martin.

Raymond, artiste de la Gaîté et auteur de quelques drames représentés au théâtre Saint-Marcel.

Lebel, le Babylas légendaire des *Pilules du Diable*.

Lassagne, le pioupiou des Variétés.

Lhérie est devenu fou à l'Opéra pendant une représentation de la *Muette*.

Lepeintre aîné et Villars se sont jetés dans le canal Saint-Martin.

Raymond s'est tué d'un coup de couteau.

Anatole Gras est mort à Bicêtre et Lebel à la Salpêtrière.

Chose singulière, presque tous ces pauvres fous étaient des acteurs comiques.

En 1873, Charles Perey, fut atteint aussi.

Ce brave garçon, était, sans contredit, l'un des artistes les plus aimés du temps.

Pendant le siège, il s'était enrôlé dans un bataillon de marche et il s'y est très vaillamment comporté jusqu'au 18 mars, époque où la Commune est survenue. Charles Perey s'est alors considéré comme licencié.

A deux ans de là, il devenait tout à coup malade. Il faut tout dire. Depuis la mort de sa mère, antérieure de dix années, le pauvre artiste était resté en proie à une douleur que rien n'a pu diminuer, et à laquelle était évidemment due l'atteinte de la folie.

On a trouvé dans l'appartement de Charles Perey de nombreux portraits de sa mère. De plus, les murs portaient plusieurs inscriptions dans le genre de celles-ci :

« C'est le chagrin qui me tue ! »

« Si je suis trop malade, on trouvera dans mon

tiroir cinq mille huit cents francs que j'ai mis de côté pour qu'ils servent à me soigner. »

« Je ne veux pas être à charge à des étrangers. Si je suis malade, allez chercher mon ami Dumaine. »

L'homme qui prévoyait ainsi qu'à un moment donné le poids de sa douleur peut l'accabler, et qui se préoccupe des soins à prendre pour éviter d'être à charge aux autres, pouvait être considéré comme guérissable. Pourtant il n'a pas guéri.

Dans la maison de santé du docteur Blanche, où, selon son désir, Charles Perey a été conduit, il s'est passé un fait bien étonnant.

Un artiste, camarade de Charles Perey, était venu le visiter. Cet artiste fort connu fut aussitôt entouré d'aliénés qui, tous, avaient le *Figaro* à la main. Ils faisaient des signes au visiteur, qui ne comprenait d'abord pas grand'chose à leur pantomime; enfin, l'un d'eux s'approcha de lui et lui dit tout bas, en désignant Perey: « Il ne faut pas le lui montrer, on y parle de lui. »

C'était en effet le numéro dans lequel on annonçait la maladie de Charles Perey.

XXXI

LA FEMME A BARBE.

— Thérésa! Thérésa! Thérésa!
— Eh, mon Dieu, oui, nous le savons: la Patti du peuple vient de ressusciter à l'Alcazar. Y allez-vous donc?
— Si j'y vais! Et comment n'y pas aller? Thérésa se remet à chanter la *Femme à barbe!*

La *Femme à barbe*, cette étonnante cantilène, nous ramène tout d'un coup et comme par enchantement à vingt-cinq ans en arrière.

En ce temps-là, rappelez-vous-le, Paris avait réellement la tête à l'envers.

Tout pour le plaisir, tout pour la rigolade, ainsi que le disait déjà le beau monde.

Ah! la drôle d'époque! Ah! l'étrange manière de se vêtir!

Cocodès et cocodettes, petits crevés et têtes à la

catalane, il n'était question que de courses de chevaux, de petits soupers, de petits coups de canifs dans les contrats de mariage.

Jacques Offenbach inaugurait par *Orphée aux enfers* sa musique de cuivre et de grosse caisse, sa musique de sauvage, qui était le seul art qu'on voulût aimer.

Cora Pearl conduisait elle-même au bois, autour du lac, ses petits poneys café-au-lait, qui ont été pour tant de chose dans son succès.

Gustave Courbet peignait sa grosse dondon de Bougival, la même que les amateurs ont appelée la *Vierge au cochon*.

Et justement Jules Vallès commençait sa bohème à l'estaminet du *Cochon fidèle*, tandis que les ancêtres, les précurseurs de Maurice Rollinat tenaient leurs assises à la *Puce qui renifle*.

Fernand Desnoyers faisait la pantomime du *Bras noir*.

On ne lisait plus que des Nouvelles à la main; la princesse de M... parlait argot.

Henri Rochefort, en collaboration avec Commerson, faisait jouer la *Vieillesse de Brididi*.

On mangeait autant de sucre d'orge à l'angélique que de biftecks.

Bref, la ville qui se dit la première du monde, n'avait plus l'air que d'une grande maison de fous.

C'était alors qu'apparaissait Thérésa.

— Thérésa! disait Louis Veuillot, j'ai voulu la voir, j'ai voulu l'entendre comme tout le monde. Eh bien, savez-vous l'effet qu'elle m'a produit? Une fille maigre avec des lèvres en rebord de pot de chambre et une assez belle voix. Un peu plus, je la prendrais pour ce qu'on appelle un beau brun en province.

En 1884, Thérésa reparaît; elle n'est plus maigre, au contraire, mais elle a toujours les mêmes lèvres et la même voix harmonieuse, et elle chante toujours avec un grand charme la même *Femme à barbe*, et tout Paris va l'entendre, comme en 1860.

Mais à propos de la reprise de la *Femme à barbe*, voyez un peu ce qui vient d'arriver en Angleterre.

En 1800 et années suivantes, un barnum britannique avait amené à la foire de Saint-Cloud une de ces dames de structure opulente. Celle-ci se nommait Anne Ratcliff, ni plus ni moins qu'une célèbre faiseuse de romans. Elle avait des moustaches et des favoris.

Après mille et une exhibitions à travers la France, la susdite Ratcliff, femme à barbe, ayant amassé un petit magot, s'était retirée dans son pays natal pour y vivre de ses souvenirs et de ses rentes.

Eh bien, cette femme phénomène vient d'être assassinée à Sheffield, patrie des rasoirs.

En procédant à l'autopsie du cadavre, les Anglais ont découvert que la femme à barbe était tout bonnement un homme.

D'où il résulte que, pendant vingt-cinq ans, les divers publics du continent européen ont été pris pour une très belle collection de dupes.

Que faire pour que cette énorme supercherie ne se renouvelle pas?

Sans doute nous ne demandons pas que tous les phénomènes similaires qui se montrent dans les foires soient, de leur vivant, soumis à la formalité de l'autopsie.

C'est une cruauté dont nous sommes incapables; mais pourtant nous voudrions qu'ils fussent assujettis à un examen préalable, afin que des messieurs ne soient plus pris pour des dames.

Voyez donc la moralité :

Ce que vous supposiez être une femme à barbe appartenait au sexe qui fournit les sapeurs.

En attendant que cette réforme soit adoptée, nous autres, retournons entendre Thérésa.

XXXII

LES BOUTONS DE DIAMANT

ÉPISODE DE LA VIE D'UNE CHANTEUSE

En 1865 parut Kalil-Bey, l'envoyé du sultan.
On avait dit aux gens de Paris :
— Messieurs, c'est un homme des *Mille et une nuits* qui vous arrive.

Et il n'y avait aucune exagération dans ces paroles. Accourant d'Égypte, après escale à Constantinople, cet Oriental se présentait avec une suite féerique et, à ce qu'il paraît, avec des tonnes d'or. Cet autre Aladin s'installa dans un des nouveaux hôtels de marbre vert qu'il était de mode d'éclairer à coups de millions.

La demeure ne manquait pas de ressemblance avec les palais du Commandeur des croyants.

Toute la haute bohème fut éblouie. D'instinct

on comprenait que ce jeune Turc ne pourrait manger ses richesses qu'avec le demi-monde, et ce fut, en effet, ce qui eut lieu.

Kalil-Bey décréta un grand Ramadan autour de lui, le jeûne excepté.

Nuit et jour, les fêtes se succédaient.

Le jeu, les promenades, les grands dîners, de temps en temps, un bal, embelli par des almées cueillies en pleine Gomme.

Le nouveau venu, diplomate pour rire, n'entendait rien à la musique ; mais comme on lui avait affirmé qu'à Paris rien ne se fait sans accompagnement de violon et de flûte, il avait ordonné à son intendant d'avoir des musiciens tous les jours.

Un soir, quatre ou cinq dames de la cour de Napoléon III, très peu bégueules, vous le pensez bien, acceptèrent d'assister à une des fêtes données par ce brillant Barbare. Très grand honneur dont il appréciait le prix.

Pour leur faire plaisir, il avait fait appeler des premiers rôles de l'Opéra et des Italiens. Sans doute l'attention était délicate.

Ces dames se montrèrent enchantées. Néanmoins, l'une d'elles, une ambassadrice d'outre-Rhin, un petit nez en pied de marmite, comme on dit, hasarda un mot. Les chanteurs et les chanteuses des grands théâtres, n'était-ce pas un peu fade ? Pourquoi n'avoir pas appelé aussi celle des cantatrices qui faisait tressaillir tout Paris d'alors en disant une chanson populaire : *C'est dans l' nez qu' ça m' chatouille?*

— Puisque c'est là le bon ton, dit Kalil-Bey, qu'à cela ne tienne. A la prochaine fête, on aura l'exécutante et la chanson.

En ce temps-là, Thérésa était déjà célèbre ; toutefois, elle était moins demandée par le théâtre et par le salon ; elle n'était encore que la diva de la chope ou la *Patti du peuple*. Mais, ayant le sentiment de sa valeur et connaissant l'étendue de sa réputation, elle ne consentait à chanter chez les particuliers que moyennant un bon prix, et elle avait cent mille fois raison.

Chez l'Oriental, où il y avait ce soir-là très brillante compagnie, elle avait naturellement été applaudie à tout rompre. Après le *Sapeur*, alors si populaire, elle dit la *Gardeuse d'ours;* après la *Reine des charlatans*, elle aborda cette autre cantilène, unanimement demandée : *C'est dans l' nez qu' ça m' chatouille?*

Ainsi Thérésa avait fort bien dégoisé et patoisé son répertoire ; le seigneur Khalil était probablement en veine au cercle, ce jour-là ; toujours est-il qu'il pria son secrétaire de passer, le lendemain, chez la déesse du Bœuf gras, et de lui remettre, à titre de rémunération follement princière, deux boutons de diamant qui valaient une dizaine de mille francs.

La chanteuse, qui n'avait pas encore, en matière de pierreries, les connaissances plus solides qu'elle a pu acquérir depuis, crut à un présent de quelques centaines de francs, et, comme elle avait espéré mieux, tout en acceptant le souvenir, elle trouva sage de faire une distinction.

— Voilà, dit-elle, qui me rappellera toujours le plaisir que j'ai eu d'être reçue chez Khalil-Bey ; et combien me donnerez-vous pour le plaisir que j'ai paru faire, mon cher monsieur, à lui et à ses invités ? Je vous avertis que je ne me dérange pas à moins de cinq cent francs par soirée.

Ceci fut rapporté à qui de droit, et Khalil s'amusa à envoyer le lendemain, avec un petit billet, deux mille francs en billets de banque à la « Patti du peuple » ; il lui disait que son secrétaire, ayant confondu, la veille, deux commissions, la priait de rendre les deux boutons qui, en effet, n'étaient pas faits pour elle, et d'accepter l'argent.

Voilà Thérésa, radieuse et convaincue qu'elle fait un marché d'or, qui remet avec empressement les *bouchons de carafe* au nouvel envoyé du plus généreux des amphitryons, et encaisse les deux mille francs.

On eut soin de lui faire savoir, un peu plus tard,

la... gaucherie qu'elle avait faite, et elle s'en serait mordu les doigts, si elle les avait moins jolis, moins effilés, moins soignés. Car Thérésa a des mains de duchesse..

Où les mains de duchesse vont elles se nicher? me direz-vous.

Magnifique et infortuné Khalil!

A mener cette existence asiatique en Occident, il avait fini par voir la fin de ses trésors. Un jour, un firman le rappela au sérail. Il y devint, je crois, le gendre de Mustapha-Pacha, frère utérin du vice-roi d'Égypte et beau-frère du sultan.

Ce mariage remit du beurre dans ses épinards, et ce n'était pas inopportun, car, après la vie de Polichinelle menée à Paris, c'était un homme ruiné. Cependant, quelques années s'écoulèrent. On jugea à propos d'envoyer le jeune diplomate à Saint-Pétersbourg pour y représenter la Porte.

Oui, mais la ville de Pierre le Grand n'est pas Paris. Il avait pourtant porté là-bas le titre de pacha, mais il lui semblait que cet autre poste, dans ce pays des neiges, était un exil.

Si on ne lui eût pas permis de faire un retour à Paris, il séchait sur pied comme le persil coupé.

Il revint donc en 1877, je crois. La belle avance! Ce n'était plus la vie des belles dames de l'Empire. Paris avait vu l'effondrement de Napoléon III, le siège, la Commune, le principat de Mac Mahon : Paris était morose. Khalil repartit. A son retour à la Corne d'or, il éprouva une secousse au cerveau.

— Il est devenu fou ! dit un médecin du faubourg de Péra.

Pauvre Khalil !

P.-S. — Les deux boutons de diamant ont été, dit-on, donnés un soir, à mademoiselle Z..., des Bouffes-Parisiens, aujourd'hui, hélas ! une femme mûre. Celle-là les garde comme une poire pour la soif, et elle a bien raison, n'est-ce pas ?

XXXIII

LE COLLÉGIEN ET LA COMÉDIENNE.

C'était sur la fin de septembre 1881 ; Paris littéraire, Paris théâtral, le Paris par excellence, s'est ému à propos d'un fait étrange et nouveau. Un jour, le jeune Trognon, élève d'un de nos lycées, s'est présenté chez mademoiselle Croizette (du Théâtre-Français), et, un revolver à la main, il a dit à la charmante actrice :

— Mademoiselle, je vous aime. Soyez à moi ou je vous tue.

On voit d'ici la scène dans laquelle le drame se mêlait si fortement au grotesque.

Un potache menaçant d'assassiner une belle personne, que Carolus Duran a illustrée avec son pinceau et que tant de notabilités sociales ont bombardée de roses, de lilas de Perse et d'œillets ! Faites-vous un peu une idée de ce que pouvait être en ce moment la jolie tête de la jolie comédienne !

Par bonheur, au bruit qui se fit, on accourut et le lycéen fut désarmé.

L'aventure a dû finir par un *pensum* et par trois jours de pain sec.

Le lendemain, il n'était déjà plus question de cet épisode.

Paris se disait :

— Passons à autre chose.

Cet insatiable Paris est un minotaure auquel il faut, tous les matins, de la chair fraîche. Il doit toujours avoir à dévorer la jeunesse d'Athènes.

Quant à nous, faisons une halte.

Nous avons entendu des bourgeois dire :

— Ah ! ça ne s'arrêtera pas en si beau chemin ! Il faut que la morale soit vengée.

Vengée, pourquoi ?

Mais, après tout, disons aussi notre mot sur cette affaire de mademoiselle Croizette. L'événement a fait beaucoup de bruit. Une actrice en vedette a été visée par un éphèbe qui n'a encore au menton que le duvet de pêche de la quinzième année. Cet enfant l'accoste, mais avec des gestes d'Antony. Vous eussiez dit le grand Bocage tirant de sa poche le mouchoir de poche légendaire pour étouffer les cris de Marie Dorval. « Soyez à moi ou je vous tue. » Qu'est-ce, au juste, que ce jeune homme ? Un extatique d'amour ou un fou ? On l'a arrêté. Il a été menacé tour à tour de la police correctionnelle et de la camisole de force. Grandes flammes du romantisme, voilà donc où vous conduisez le monde ! A un dilemme terrible : ou Mazas ou Bicêtre.

Ainsi qu'on devait s'y attendre, on n'a pas manqué d'imputer ce nouvel incident à la littérature courante. Comme le jeune Trognon allait souvent au Théâtre-Français, comme l'enquête a trouvé chez lui, dans sa mansarde, tout un stock de romans nouveaux, on en a induit que les mauvais spectacles et les lectures dangereuses avaient intoxiqué son esprit. Haro sur le répertoire de la *Maison de Molière !* Le roman moderne a donc été encore une fois mis sur la sellette. En vérité, ceux qui font des vers et de la prose ont bon dos. Pendant que la magistrature y est, que n'accuse-t-elle pas ceux qui écrivent d'avoir phylloxéré les vignes du Languedoc ou bien d'avoir jeté trente mille de nos soldats dans le guêpier du Tonkin ? Soyez sûr qu'on trouverait bien des gens pour y croire.

Ce qu'il y a de vrai, c'est qu'une jolie actrice, toujours fêtée, a immanquablement en soi assez de charmes pour ensorceler les collégiens. Faites donc le procès à la beauté plastique ; lancez un réquisitoire sur les artifices de la toilette, sur le carmin, le cold-cream, sur le fer à friser du coiffeur : ce sera mieux que d'incriminer le poète, lequel ne causerait pas tant d'émoi s'il n'avait pas tant de complices. Mais ce n'est pas là ce que je voulais débattre. La chose qui m'a le plus offusqué dans ces scènes de la vie parisienne, c'est le pistolet du jeune homme. On ne peut donc plus rien faire chez nous sans avoir à la main un revolver ou une tasse de vitriol?

En prenant les choses à ce point de vue, cette escapade d'écolier cesse d'être française, dans le vieux sens du mot. Cette arme à feu est un vilain indice des mœurs nouvelles. Et ce n'est pas là un fait isolé. Ce revolver me paraît être tiré à cent mille exemplaires. Quand on lit les faits divers, le matin dans son journal, on est exposé à le rencontrer à tout alinéa. Ainsi l'amour tel qu'on l'entend désormais chez nous n'est plus l'amour tel que le pratiquait la France d'autrefois. Permettez! lorsque je dis autrefois, c'est un peu de la veille, c'est un peu d'avant-hier que j'entends parler. Ah! nous avons trop blagué le madrigal! Le bouquet à Chloris avait du bon et, d'abord, il entretenait la politesse des manières. J'ai vu la fin d'un âge, où en matière de sentiment, il n'était jamais question de gros mots, ni surtout de menaces de mort. Charles Nodier, très compétent en ces sortes de choses, comme vous le savez, prétend que c'est le pistolet de Werther qui a tout gâté. Ce serait à dater de ce conte de Goëthe, un peu renouvelé de la *Nouvelle Héloïse*, que l'amour serait devenu une préoccupation mélodramatique et redoutable. L'école littéraire de 1830 n'aurait fait que des rallonges à cette poétique haïssable de l'assassinat ou du suicide.

Sans vouloir rien décider à cet égard, je demanderai à rapporter ici les lambeaux d'une conversation que j'ai pu entendre, il y a vingt ans, dans un foyer de théâtre. Cela se passait aux Variétés. Ce soir-là, on jouait une sorte de vaudeville fait pour tourner en ridicule les tendresses ultra-lyriques, celles qui finissent par le poignard, par le poison, par le revolver ou par la Cour d'assises. Nestor Roqueplan, toujours plein de verve, s'emportait contre la poétique nouvelle. « Notre théâtre est trop noir, disait-il ; » nos romans sont trop machinés ; nos relations » mondaines sont trop grossières. Savez-vous ce » que cela me représente? Une omelette com- » posée avec des œufs pondus par l'horrible et » brouillés par le ridicule. Et c'est là, par » malheur, la nourriture que vous faites manger » à la nation. Ma foi, j'aime mieux la crème » fouettée de Marivaux et même celle de Flo- » rian. » Vous voyez que ce causeur épousait un peu la théorie de ceux qui accusent le théâtre et le roman. Mais il ne s'arrêtait pas à cette proposition.

— Pardieu, s'écriait-il, Victor Hugo, Alexandre Dumas, Alfred de Vigny, deux ou trois autres, voilà des hommes d'un grand talent. Qui dit le contraire? Mais ils voient mal, suivant moi. Avec leur sacrée façon de vouloir montrer des personnages hors ligne, ils n'ont fait que des monstres ou des êtres ridicules. Est-ce que c'est vrai, Triboulet? Non, il n'existe ni en histoire, ni en aucun état social. Est-ce que c'est possible le vieux mari, dans *Angèle*? Je vous dis que non. J'épuiserais la kyrielle de leurs chefs-d'œuvre, s'il le fallait et nous conclurions en reconnaissant que ces gens-là font aimer leurs personnages tantôt comme des tigres, tantôt comme des agneaux, jamais comme des hommes.

Figurez-vous un bel esprit du temps de Louis XIV voyant défiler sous ses yeux le répertoire des Romantiques? il rentrerait chez lui soulevé de dégoût ou bien fou à lier. Mais nos générations, que l'hyperbole a grisées, s'imaginent qu'on ne doit plus s'approcher d'une femme sans avoir sur soi autant d'instruments de mort qu'un brigand des Abruzzes. Drames, romans, tirades boursouflées, cette pâture intellectuelle ne pouvait donner qu'un chyle détestable. Du peuple le plus joyeux en amour qu'il y ait jamais eu au monde, de celui qui a dans son blason le coq toujours allègre et toujours chantant, nos auteurs ont réussi à faire une agglomération de soupirants sombres, sournois et cruels. Ma foi, les Jeunes se moqueront de moi, s'ils le veulent, mais je préfère l'amour du temps de Louis XV, celui qu'on célèbre d'une manière si aimable dans les cent volumes de l'*Almanach des Muses*. Faublas me paraît cent fois plus français que tous les poitrinaires élégiaques de madame George Sand.

Une fois lancé sur cette pente, ce bavard impitoyable ne savait plus s'arrêter. Eh! sans doute il rendait justice à l'École de 1830, disait-il encore. Tous les prosateurs châtiés de la période impériale avaient affadi la langue maternelle au point de la rendre méconnaissable; *Henri III, Hernani, Chatterton*, de belles odes, de grandes pages, des œuvres de haute portée étaient venues pour infuser un sang nouveau dans la grammaire nationale et ils l'avaient pour ainsi dire ressuscitée. Bon pour la forme, mais, que voulez-vous? Il trouvait le fond de la pensée presque toujours insoutenable et s'en allant dans les plus puériles extravagances. A son gré, il n'y avait rien de mieux que de tailler un drame en prose sur le patron de Corneille. Quant à la comédie, la vieille, l'ancienne l'emporterait toujours sur la moderne; la vieille a pour elle Molière, Regnard, Destouches, Dancourt, Lesage et Marivaux. Pour ce qui était du roman, il s'écriait à tue-tête :

— *Gil Blas* et *Candide!* je ne sors pas de là !

Nestor Roqueplan, cet esprit si fou, si aiguisé, ne comprenait pourtant pas H. de Balzac et, par conséquent, il ne pouvait point l'aimer. Une fable de boudoir devenant le sujet d'une étude psychologique lui produisait l'effet d'une conception anormale.

» C'était tout un travail, disait-il, que de suivre des yeux tant de descriptions, tant d'analyses, tant de déductions scientifiques. Un roman, ça doit être écrit pour amuser et non pour instruire. Si vous voulez étudier la psychologie, allez-vous-en à la Sorbonne, où M. Victor Cousin est payé à raison de 6,000 francs par an pour faire un cours sur les fibrilles du cœur humain. Mais certaines de vos histoires m'ont recouvert d'une peau de chagrin. Tout cela est trop grave, nom de D.!... Soyez gais! Soyez français ! »

Il est bien entendu que je ne cite pas textuellement les paroles de cet humoriste, me contentant d'en indiquer les échos et le sens affaiblis. Mais je reviens à nos moutons du commencement. En observateur sagace, Nestor Roqueplan avait bien vu que, chez nous, l'amour a singulièrement dévié de sa vieille route, qu'il s'est aigri, assombri et dénaturé ; et c'est vrai. Et cette vérité, si universellement constatée, nous ramène à l'aventure de mademoiselle Croizette, menacée de recevoir une balle dans la tête, si elle ne cédait pas au caprice d'un lycéen. — Est-ce donc le signal d'une ère nouvelle en fait d'amour? — Bien des gens penchent pour l'affirmative.

Nestor Roqueplan a bien fait de mourir, il y a une douzaine d'années.

Avant mademoiselle Croizette, il y avait eu, jadis, mademoiselle Déjazet, la Sophie Arnould de notre âge.

Celle-là aussi était le point de mire des lycéens. Un jour, avant 1830, un rhétoricien lui envoya une lettre enflammée dans laquelle il lui disait :

« Mademoiselle,

» Mon cœur est à vous. J'ai donc à vous parler.
» Trouvez-vous demain soir, jeudi, de cinq à six
» heures, au *Bœuf à la mode*, près du Palais-
» Royal, cabinet 3, où je vous attendrai. Si vous
» ne venez pas, je me ferai sauter la cervelle d'un
» coup de feu, avec une lettre qui expliquera aux
» contemporains la cause de ce suicide. »

(Suivait la signature.)

Après avoir lu la missive, la sémillante actrice frémit et céda au besoin de se trouver au rendez-vous assigné.

Au cabinet n° 3 du *Bœuf à la mode*, mademoiselle Déjazet trouva un imberbe, assis devant un dîner bien servi.

— Monsieur, lui dit-elle sans rire, causons peu et causons bien. Si je suis venue ici, ce n'a pas été pour partager votre dîner, mais pour vous recommander, en bonne camarade, de ne pas recommencer cette mauvaise plaisanterie. Je ne la prendrais plus en riant, je vous jure. En effet, si vous m'écriviez de la même encre, que vous me donnassiez rendez-vous et que vous voulussiez quelque chose de moi, j'accourrais ici, je vous prendrais par l'oreille et je vous ramènerais, avec votre lettre ouverte, à madame votre maman.

— Ah ! mademoiselle, vous ne feriez pas ça, répondit le rhétoricien.

— Je le ferais, je vous jure.

Et Frétillon, tournant les talons, retourna à son théâtre en se posant son mouchoir de poche sur la bouche, afin de ne pas étouffer de rire.

Le cas de mademoiselle Croizette ! Le cas de mademoiselle Déjazet ! Eh ! mesurez, lecteur, la différence des temps !

XXXIV

CHARLES HOUGO, LE TALMA HONGROIS

Voilà un nom hongrois qui nous rappelle cette orgie de prodiges et de vanités qui s'est appelée l'Exposition universelle de 1867. En ce temps-là l'Empire était ivre d'orgueil. Celui que le chantre des *Châtiments* nomme *l'homme aux yeux étroits* nous menait tous à l'abîme en poussant des cris de triomphe. Sur un programme répandu par son ordre aux quatre vents du monde, trois continents s'étaient donné rendez-vous à la féerie décevante des Champs-Elysées. Les têtes couronnées formaient un convoi à part. Ceux qui ne voient pas plus loin que leur nez disaient à l'arrivée de tant de princes : « Voici la richesse qui arrive ! » Ceux qui ne parlent qu'après avoir pesé leur pensée au trébuchet de l'examen s'écriaient : « Voici la ruine qui nous vient ! » Dès la première quinzaine, en effet, un renchérissement excessif, s'étendant sur tout, donnait raison à ces philosophes. La folie de l'orgueil montant à une tête impériale devait, avant trois ans, mettre le comble à nos misères.

Mais taisons-nous sur ces rois, puisque, dans le nombre, sans compter celui qui trônait alors aux Tuileries, se trouvait le Borusse qui devait nous faire payer bientôt l'honneur si étrange que nous lui faisions de l'appeler chez nous. C'est d'un plus pauvre sire qu'il s'agit de parler. Et, en effet, en regard des visiteurs à panaches, se voyaient mille têtes à l'envers, des humoristes, des comédiens, des excentriques et des Triboulets. Shakespeare l'a dit : « Les rois attirent les fous et les fous attirent les rois. »

En mars de cette même année, nous étions cinq ou six, rue du Faubourg-Montmartre, n° 10, dans la petite cahute de l'imprimerie Schiller, où se tenait la rédaction du *Soleil* (1). Vers dix heures du matin, un homme entra brusquement, sans prendre la précaution de se faire annoncer par

(1) En 1867, Le *Soleil*, journal littéraire, fondé par Polydore Millaud, paraissait sous la direction de Jules Noriac avec la collaboration de MM. Auguste Villemot, Henri Rochefort, Francisque Sarcey, Philibert Audebrand, Eugène Schnerb, Jules Lermina, Georges Sauton, Alphonse Fagès, Alexis Bouvier, etc, etc.

le garçon de bureau. Il était d'une taille un peu au-dessus de la moyenne. La tête était tondue, la figure pâle, les joues et les lèvres rosées, les yeux d'une fixité étrange. Comme Jules Noriac, alors rédacteur en chef du journal, était absent, mes camarades me firent signe de la main d'avoir à recevoir le visiteur.

— Monsieur, dis-je en me servant de l'invariable formule, qu'y a-t-il pour votre service ?

— Monsieur, répondit sans broncher le nouveau venu, je viens vous prier d'annoncer l'arrivée à Paris du célèbre Charles Hougo.

— Le célèbre Charles Hougo ? repris-je, animé d'un mouvement d'hésitation un peu irrévencieux, qu'est-ce que c'est que le célèbre Charles Hougo ?

Aussitôt, l'homme, prenant une pose théâtrale, se croisa magnifiquement les bras sur la poitrine. Nous le vîmes reculer de trois pas à la manière de Talma dans *Hamlet*, du père Ducis. Il se prit alors à me regarder avec une fixité tragique, en disant :

— Comment, monsieur, il est bien vrai, vous ne connaissez pas le célèbre Charles Hougo ?

— Mon dieu, non, monsieur.

— Charles Hougo, la plus grande gloire de la Hongrie moderne !

— Je rougis de mon ignorance, mais je ne le connais pas.

— Charles Hougo, le grand poète ?

— Je n'ai jamais entendu parler de lui, je l'avoue.

— Charles Hougo, le grand acteur ?

— Complètement inconnu par ici.

Durant ce dialogue, les autres rédacteurs du *Soleil* avaient laissé retomber leurs plumes sur le tapis, afin de s'amuser de tout ce qu'il pouvait y avoir de comique dans cette scène assurément fort inattendue.

— Voilà encore un de nos jolis *toqués*, disait l'un d'eux à demi-voix.

— Il a une belle *araignée dans le plafond*, murmurait un autre.

— Est-ce que l'Europe va nous envoyer beaucoup de hannetons de cette force-là ? disait un troisième.

Quant à l'étranger, après avoir soufflé un moment à la manière des félins, il jugea à propos sans doute de baisser un peu le ton ; puis, tirant de sa poche une carte, il me la tendit :

— Au fait, monsieur, poursuivit-il, si vous ne connaissez pas l'illustre poète-comédien, vous êtes encore plus à plaindre qu'à blâmer. Je n'en insiste pas moins pour obtenir le petit service que j'ai commencé par solliciter. Tenez, permettez-moi de vous offrir ma carte.

Je pus lire, en effet, sur un assez beau carton-porcelaine les trois lignes suivantes :

CHARLES HOUGO,

GRAND POÈTE-ACTEUR HONGROIS,

12, *rue Rossini*.

— Politesse pour politesse, répondis-je, le journal annoncera, dès demain, votre arrivée à Paris.

Il salua en signe de remerciement et il allait sortir quand nous le vîmes recommencer son entrée.

— Monsieur, je vous sais très bon gré de votre accueil, mais laissez-moi vous adresser une prière.

— Laquelle ?

— Celle de bien lire et surtout de bien transcrire mon nom.

— Pourquoi ça ?

— Pour qu'on ne me confonde pas avec M. Hugo, le poète français.

— Ah ! soyez sans crainte, il n'y a pas de méprise possible, monsieur.

Chose promise, chose due. Le lendemain, le

Soleil annonça à la France l'arrivée du fameux Hongrois. — et il n'en fut plus question.

Quinze jours s'étaient écoulés. On ne parlait naturellement que de l'Exposition et de ses prodiges.

Un matin, toujours au bureau du *Soleil,* je vis reparaître le poète-acteur.

Le pauvre homme, un peu dépaysé, me cherchait des yeux.

— Je vous apporte une invitation pour une grande soirée, me dit-il.

— Quelle grande soirée?

— Une séance d'*autonimie* que je donne à la salle Herz.

— Qu'est-ce que c'est que l'*autonimie ?*

— Un système de théâtre que j'ai inventé. Grâce à cela, je joue à moi seul les cinq ou six rôles d'une tragédie, hommes et femmes, roi et confidents, et chacun y parle par ma bouche dans une inflexion de voix différente. C'est la merveille des merveilles.

— Diable!

— Viendrez-vous à la réunion que je vais donner?

— Je ferai tout ce que je pourrai pour y aller.

Très certainement j'y serais allé, si j'eusse pu rencontrer un *compagnon de chaîne,* mais je n'en trouvai pas.

On m'apprit toutefois ce qui s'était passé salle Herz.

Il y avait une quarantaine d'auditeurs.

A l'heure dite, Charles Hougo, costumé en Homère, la couronne de laurier vert au front, une lyre de fer-blanc à la main, était venu par une porte basse, et il avait déclamé l'*Iliade finie*, grande machine en vers de douze pieds, racontant tout ce qui s'était passé après l'incendie de Troie. Auteur et acteur unique, le Hongrois faisait là dedans le poète, les Trois Muses, Priam, Hécube, Cassandre, Corèbe, Énée, Andromaque, Hélène et le perfide Sinon.

Pour un peu il aurait fait aussi le cheval de bois.

Il ne fallait ni tousser, ni applaudir, ni se moucher, ni remuer. Presque tous les spectateurs en ont fait une maladie.

— Eh bien, vous n'êtes pas venu à ma soirée? me dit le pauvre homme le lendemain. Ah! cher ami, quel triomphe! On en a parlé, même chez l'empereur.

— Vous connaissez l'empereur?

— Oui, et je l'estime beaucoup.

— Pourquoi?

— Tiens, parce qu'il est aussi grand poète et aussi grand comédien que moi.

Charles Hougo disait cela très sérieusement — sans aucune intention d'ironie.

Au *Soleil*, il n'y avait pas un seul bonapartiste, ce qui contrariait grandement l'excellent Millaud, son propriétaire, fort ami de l'empire et de l'empereur.

— Ah ! zut alors, s'il doit faire l'éloge de Badinguet, me dirent les jeunes gens ; qu'il ne remette plus les pieds ici.

Il revint pourtant et voici pourquoi.

Napoléon III lui avait donné 1,500 francs. Cette somme, le pauvre fou l'avait consacrée à faire une magnifique édition de l'*Iliade finie* et d'une autre ripopée rimée, intitulée: *La fin du Cosmos*, copie informe des poèmes de Dante. — Le tout intitulé: *Merveille*.

Il apportait le livre d'un air triomphant.

Comme indice du prix, il y avait sur la couverture: *Prix: Un Napoléon d'or.*

Pour cette seule raison, personne ne voulut parler de cette œuvre très désordonnée, partant fort originale. — Il en pleurait presque.

Dans ce livre on trouve du reste ce que j'ai dit touchant Louis Bonaparte: « J'aime Napoléon III parce que c'est un grand politique, un grand poète, un grand comédien. »

Charles Hougo quitta Paris avant la fin de l'Exposition.

Le pauvre homme n'a plus reparu sur le théâtre; il n'a plus publié de vers ni hongrois ni français.

Il est mort, en 1880, à Buda-Pesth.

XXXV

UNE CONFÉRENCE DE M° CRÉMIEUX, AVOCAT.

En ce temps-là, c'est-à-dire sur la fin de l'Empire, on avait mis tout à coup à la mode les conférences à la manière anglaise. Puisque la tribune était à peu près muette, puisque la presse n'était pas libre, puisque le Palais-de-Justice lui-même était obligé de mettre une sourdine à sa parole, il fallait bien que l'esprit français trouvât un moyen d'être. On imagina donc cet expédient des Soirées littéraires. Un homme causait familièrement ou lisait, durant deux heures de suite, devant un auditoire de choix. Il est bien entendu que la politique était rayée des programmes. — La politique! s'écriait Jules Janin; releguez-la donc à quinze cents pieds sous terre !

Tout le monde se mit à faire des conférences. Les célébrités s'en mêlèrent. Ne nous attardons pas à citer les noms, parce qu'il nous faut courir au plus vite. Un soir d'hiver, il y avait un public d'élite à cette salle de la Redoute, où, huit jours auparavant, M. Laboulaye, alors fort applaudi, avait vanté le régime libéral dont l'homme jouit aux États-Unis. Vous voyez que cela se passait à l'époque du fameux encrier d'argent. Ce soir-là, il s'agissait d'entendre un orateur toujours fort écouté. Clément Laurier était là, un peu comme secrétaire, et Gambetta comme second de Laurier. M. Léon Say présidait, et l'orateur annoncé était un véritable orateur, le célèbre avocat, l'ancien membre du Gouvernement provisoire, Mᵉ Crémieux. A la même heure, et pendant que nous écoutions sa spirituelle improvisation sur l'art théâtral, M. Jules Favre, exilé de Valentino, et ayant trouvé un asile dans la salle du Grand-Orient, rue Cadet, y traitait de l'avenir de l'instruction primaire et enchaînait à sa parole élevée un nombreux auditoire.

Hélas! qu'est-ce donc qu'un homme célèbre? Une ride sur l'eau! Il paraît, il joue son rôle, il passe et disparaît pour toujours. Ne le cherchez plus. Ainsi a passé maître Adolphe Crémieux. Pendant soixante ans, car il a eu une longue vie, il aura occupé l'un des premiers rangs parmi ceux qu'on a appelés les Princes de la parole. Il n'y a qu'un très petit nombre d'années qu'il est mort.

Prononcez son nom en présence des jeunes gens des nouvelles générations, et ils ne sauront pas ce que vous voulez dire.

Quelques coups de crayon suffiront pour son portrait. Ce petit juif du Midi, ramassé, d'un visage incorrect et même laid, d'une mise peu élégante, était parvenu pourtant à être l'un des hommes les plus séduisants de l'époque. Sur son front, dans ses yeux et tout le long de ce visage de Thersyte, l'esprit éclatait en traits pétillants. La voix était sonore, bien timbrée, sympathique. De bonne heure il s'était nourri de fortes études, en littérature, du moins. Jusqu'au dernier de ses jours il n'a pas cessé de sucer la moelle des anciens. Il nous a montré chez lui, rue Bonaparte, un Virgile et un Tacite dont il avait fait ses livres de chevet. Quoiqu'il ait été l'un des artisans les plus actifs de la Révolution de Juillet, il n'était pas romantique. Tout au contraire, il tenait à honneur de stipuler hautement pour les formes classiques, pour ce qu'en 1830, on appelait le Vieux Jeu. Au théâtre, il ne trouvait rien de plus beau que la tragédie.

— Je sais, me disait-il, que, de nos jours, le mot seul faire rire. Un homme convaincu du délit ou même du crime de tragédie n'est plus bon à jeter aux chiens. Combien, vous autres, sagittaires de la presse satirique, n'avez-vous pas décoché de traits empennés aux flancs du malheureux François Ponsard rien qu'à cause de *Lucrèce!* Je sais que l'un de vous a écrit que *Hernani* a enterré tout le répertoire de Jean Racine. Je n'ignore pas qu'un vieux vaudevilliste très spirituel, pour renchérir sur vous tous, ce qui était employer très finement un procédé de la méthode socratique, s'est écrié en plein café: *Racine est un polisson* et j'ai pu voir aussi que ce mot est devenu un proverbe. J'ai appris, en outre, qu'un fanatique de la nouvelle Ecole, s'était mis, un soir, au foyer de la Comédie Française, à coiffer le buste de l'auteur de *Britannicus* d'un bonnet de coton, en disant: — « Tiens, » Manitou des classiques, voilà la couronne que » tu mérites ! » Oui, aucune de ces particularités ne m'est inconnue et rien de tout cela ne me fait varier dans mon culte. J'aime la tragédie et j'admire autant ceux qui la font que ceux qui la jouent.

Une autre fois, à table, entre gens du monde et gens de lettres, M. Crémieux avait été témoin d'un tour de force lyrique dont on a grandement parlé sous le règne de Louis-Philippe. Ce prodigieux improvisateur qui se nommait Méry, pour amuser les femmes, s'était juché sur le haut d'une chaise et, là, avec un luxe de gestes des plus curieux, il avait parodié en vers macaroniques le Récit de Théramène. Au troisième vers, débité avec une verve d'un rare comique, tous les convives se tordaient de rire. A la fin, l'éloquent avocat n'y put tenir et éclata comme les autres, mais quand la scène fut finie, il demanda à faire entendre une légère protestation.

— Si Méry, dit-il, a voulu prouver qu'il était le plus exhilarant des rapsodes du jour, il a complètement réussi. Mais, en vérité, avait-on besoin de cette nouvelle tirade pour savoir à quoi s'en tenir là-dessus? J'ai ri comme tous ceux qui sont ici et j'ai ri de bon cœur, mon cher poète. Cependant, permettez-moi de vous le dire, j'ai trouvé dans ce couplet une preuve nouvelle, une centième preuve d'un fait déjà observé par moi et par bien d'autres : c'est qu'à votre insu vous êtes un enragé classique. Ne vous récriez pas. Tous vos poèmes de la Restauration, votre collaboration à la *Némésis* de Barthélemy, votre prose même, presque voltairienne, tout cela est classique. Que vous soyez l'ami des Romantiques, cela se peut. J'affirme que votre éducation et vos instincts vous condamnent à être homérique, virgilien et cicéronien. Est-ce vrai, ce que je dis là?

— C'est vrai, riposta vivement Méry après avoir trempé ses lèvres dans un flûte d'Aï, c'est vrai. J'aime les lauriers et les myrtes de l'antiquité, mais je n'aime pas les perruques!

— Bon! riposta le disert avocat, les perruques, si je ne me trompe, c'est encore une pierre jetée dans le jardin de Jean Racine, car, en réalité, ce n'est qu'à lui qu'on en veut, car on laisse en paix le grand Corneille et même le sombre Crébillon. Mais il faut s'entendre : Jean Racine, mal interprété, est insupportable. Pardieu! il en est de même pour Shakespeare. Quand Talma et mademoiselle Duchesnois le jouaient, on ne riait pas, vous l'avez bien vu, puisque vous débutiez dans ce temps-là. Eh bien, écoutez. En ce moment même, dans une pauvre famille israélite dont le père vient parfois me demander des conseils, on élève au biberon de l'art une petite fille brune et maigre, mais admirablement douée, qui sera, très prochainement, la plus grande tragédienne de ce siècle. Celle-là ressuscitera Racine de son souffle. On ne rira plus, je vous en réponds, quand cette juive inspirée jouera *Phèdre*; on frémira de la tête aux pieds, et vous, tout le premier, ô charmant poète!

Très peu de temps après ce souper, en effet, mademoiselle Rachel avait fait ses deux débuts à la Comédie Française; elle venait, en effet, de ressusciter la tragédie et d'électriser Paris entier.

Mais revenons, s'il vous plaît, à tire d'ailes, à la salle de la Redoute et à la conférence qu'y donnait maître Crémieux, avec M. Léon Say comme président, Clément Laurier et Gambetta comme secrétaires ou comme assesseurs, au choix. M. Crémieux avait choisi pour thème l'*Art théâtral*. Une lettre de Victor Hugo qui, parlant de Corneille et de Molière, oubliait de saluer Racine, lui a fourni une occasion de plaider à la fois pour Racine et pour la tragédie.

— Ah! la tragédie! s'écriait l'orateur, c'est la bête noire d'aujourd'hui; voilà qui est bien convenu. Eh bien, à qui s'en prendre? Pardieu, je n'irai pas par quatre chemins; c'est au Théâtre-Français que je m'en prendrai. Mais ce théâtre des théâtres a un excellent administrateur, M. Édouard Thierry. Tout récemment cet administrateur si vigilant s'est fait, dit-on, donner un certificat, *inter scyphos et pocula*, par les Sociétaires de la Comédie Française, et, dès lors, il n'a plus été menacé dans la durée de ses fonctions. Mon Dieu! tout n'est pas parfait dans le meilleur des Théâtres-Français possibles. On y a laissé, entre autres manques de mémoire, périr la tragédie, honneur de notre littérature, et cette tragédie glorieuse n'est morte, si elle est morte, que faute d'interprètes, l'administration ne voulant, les acteurs ne pouvant.

La tragédie, M. Crémieux ne sortait pas de là. Un ou deux actes d'*Iphigénie*, qu'il disait de souvenir, lui servaient presque d'unique et d'excel-

lente démonstration de ce thème : « Supprimez
» la tragédie, l'art théâtral est décapité. » Ainsi
que nous l'avons raconté plus haut, M. Crémieux
avait été l'un des premiers maîtres de Rachel. On
le voyait bien, qu'il avait eu Rachel pour élève ;
il avait joliment profité. Toute l'assistance était
sous le charme. Très certainement il y avait dans
le nombre quelques récalcitrants à Jean Racine
et à la tragédie ; il y avait des disciples de la
Muse romantique très ardents à faire triompher
les doctrines et les goûts de l'École nouvelle, et
nous-même, pourquoi ne pas l'avouer? nous
étions de ceux-là, mais eux et nous, nous étions
absolument *empoignés* par les artifices de l'orateur. Nous nous surprenions à avoir de la tendresse pour *Iphigénie*. Nous nous disions à propos
de cette tragédie : « — Tiens, on n'a pas encore
» songé à celle-là; c'est dommage ! » C'était dommage, en vérité. Et après quinze ans, l'oubli n'a
pas été réparé, Dieu merci !

Quand M. Crémieux était arrivé de Nîmes à
Paris, sous le règne des Bourbons de la branche
aînée, Talma vivait encore. Le jeune avocat de
province s'était présenté chez le grand acteur,
fort sympathique aux jeunes gens du parti libéral. Ce Roscius de notre âge avait donné alors au
futur orateur des conseils et des leçons sur l'art
de parler. — Entre un comédien et un avocat il

n'y a pas grande différence. Très vieille vérité qui a déjà été formulée à Rome, il y a près de deux mille ans.

A ses récitations d'*Iphigénie* M. Crémieux a ajouté de piquantes anecdotes sur Talma, sur mademoiselle Mars, sur Rachel, toutes puisées dans ses souvenirs d'amateur de notre grand théâtre classique et d'ami de nos plus célèbres artistes. Il les a contées avec une bonhomie et une grâce charmantes. Mais est-elle vraie cette histoire de Rachel ayant joué plusieurs fois Camille dans *Horace* sans avoir rien lu de la pièce que son rôle et les répliques, et ne sachant pas ce que c'était que le « *Qu'il mourût!* » N'y a-t-il pas là plutôt quelque boutade de Rachel que M. Crémieux a prise trop au sérieux? L'anecdote, si elle était vraie, n'ajouterait rien au génie de la tragédienne, mais elle accuserait une indifférence intellectuelle assez honteuse pour faire tort à la mémoire de cette incomparable artiste.

Plus tard, je parlais de ce trait avec M. Crémieux lui-même, chez lui.

— Je vous proteste, disait-il, que Rachel ne savait rien de ce qui aurait pu l'éclairer sur l'esprit de ses rôles. Fort heureusement douée, elle devinait tout. J'ai parlé de sa manière d'étudier *Horace*, en n'apprenant que le rôle de Camille. A propos du rôle de Phèdre, je cherchais à la renseigner, à lui faire comprendre quelle était la famille de la femme de Thésée, au sujet de ce vers superbe :

La fille de Minos et de Pasiphaë.

— Est-ce que réellement il y avait un taureau né dans cette maison ? me demanda-t-elle.

Et j'eus toutes les peines du monde à lui faire alors entendre que l'histoire de ces temps lointains est toute parsemée de fables et de légendes. Il n'y a pas de petite fille de douze ans, dans la petite bourgeoisie, qui n'ait plus de lettres que n'en avait cette grande artiste à l'époque où elle touchait au point le plus élevé de sa gloire.

Pour ce qui est de Talma, l'orateur, dans la conférence de la salle de la Redoute, a avancé des faits qui ne manquaient pas non plus de vraisemblance. A l'époque où le grand tragédien commençait ses études, un des chefs-d'œuvre de Diderot, *Le Paradoxe sur le comédien* était considéré comme le catéchisme des gens de théâtre. Il était donc tout naturel qu'en débutant il s'imbût des doctrines qui y sont exposées dans une forme si séduisante. Talma, que le public croyait si ému, Talma jouait avec la tête et avec la voix, sans rien mettre, disait-il, de son cœur. Pardieu ! le cœur, c'est Corneille, c'est Racine, c'est Crébillon, c'est Voltaire, c'est Chénier qui l'avaient mis !

M. Crémieux, toutefois, allant consulter l'illustre artiste chez lui, a eu raison de ne pas écouter Talma, qui lui conseillait de faire au barreau comme lui à la scène, sous peine de ne pas vivre dix ans. M. Crémieux, je le répète, a plaidé pendant soixante années, non pas seulement avec la voix, avec la tête, mais aussi avec son excellent cœur.

Un cœur très noble qui le portait à mettre sa parole au service des malheureux et, en particulier, à la disposition des journalistes qui avaient à se défendre devant la justice. Nul ne s'est plus prodigué que lui sous ce rapport. Cela lui a assez bien réussi, et c'est le cœur peut-être qui a justement conservé si bien ses soixante-douze ans. Tel était l'âge qu'il avait à la Redoute. Soixante-douze ans ! il nous l'a dit avec le plaisir que les vieillards restés forts aiment à dire leur age, et je songeais, en l'écoutant, à ces vers charmants de Musset à Nodier, et qui peuvent s'appliquer à bien d'autres de cette forte génération, poètes, politiques, orateurs, vieillards toujours jeunes :

> Si jamais la tête qui penche
> Devient blanche,
> Ce sera comme l'amandier,
> Cher Nodier !
> Ce qui le blanchit n'est pas l'âge
> Ni l'orage,
> C'est la fraîche rosée en pleurs,
> Dans les fleurs !

M. Crémieux devait vivre une vingtaine d'années encore après cette soirée. On sait la fin de cette existence si laborieuse et si poétique. Membre du gouvernement de la Défense nationale, il était à Tours et à Bordeaux avec Gambetta, s'efforçant comme un autre Priam de créer des forces propres à repousser l'ennemi. Après nos désastres, un jour, on avait proposé de payer hâtivement notre rançon au moyen d'une souscription publique, et il s'était hâté d'y envoyer plus de deux cent mille francs prélevés sur sa fortune. Il est mort à plus de quatre-vingts ans tel qu'il avait vécu, plein d'amour pour la France et de zèle pour la Liberté.

XXXVI

LE PUBLIC ET LES AUTEURS DRAMATIQUES

I

Au marais

MADAME BÉCHAMEL. — Où me conduisez-vous ?

MADAME PRÉCHANTRÉ. — Je vous l'ai déjà dit : Au théâtre.

MADAME BÉCHAMEL. — Bon ; mais à quel théâtre ?

MADAME PRÉCHANTRÉ. — A l'Ambigu-Comique, donc.

MADAME BÉCHAMEL. — Bon endroit ! Je n'y ai pas mis les pieds depuis le jour où l'on y jouait *Héloïse et Abélard*, il y a quarante-trois ans. Ce souvenir m'est resté. Bon endroit. Qu'est-ce qu'on y donne ? Toujours *Héloïse et Abélard ?*

MADAME PRÉCHANTRÉ. — Ah ! non, par exemple !

Ils y jouent quelque chose de plus moderne.

MADAME BÉCHAMEL. — Comment ça s'appelle-t-il?

MADAME PRÉCHANTRÉ. — L'*Assommoir*.

MADAME BÉCHAMEL. — Ce titre promet. Ça doit être chouette. On y assomme quelqu'un, n'est-ce pas?

MADAME PRÉCHANTRÉ, — Dame, je suppose.

MADAME BÉCHAMEL. — Si l'on n'assommait pas, ça n'aurait guère le sens commun, n'est-ce pas?

MADAME PRÉCHANTRÉ. — Je le pense comme vous... Attendez donc, je vais vous apprendre le nom de l'auteur.

MADAME BÉCHAMEL. — Le nom de l'auteur? Pourquoi faire? Qu'est-ce que ça me fait, à moi? Qu'il soit ce qu'il voudra. Pierre ou Paul, Jean ou Pantaléon : ça m'est égal. L'essentiel, c'est que l'affaire me fasse rire ou me fasse pleurer. Pour l'auteur, qu'il s'arrange. Est-ce que ça regarde le public, comment il s'appelle? L'auteur! Ah! bien, flûte!

II

AU THÉATRE-FRANÇAIS

(*Un entr'acte.*)

PREMIER LORGNON. — Très jolie petite comédie.

DEUXIÈME LORGNON. — Non, ce n'est pas mal,

vous avez raison. Il y a du sel, du sel qui pique. Quel est l'auteur ?

PREMIER LORGNON. — Est-ce que je sais ça, moi ?

DEUXIÈME LORGNON. — Pourtant, ce ne serait que justice de reconnaître ce qu'il y a de mérite dans cet ouvrage.

PREMIER LORGNON. — Mon cher, on le reconnaît assez en payant sa place.

DEUXIÈME LORGNON. — Permettez-moi d'être d'un avis contraire. Quand j'ai bu d'un bon vin, je ne suis pas fâché de rendre hommage au cru en citant son nom.

PREMIER LORGNON. — Du chambertin, pontet-canet, léoville, on dit ça après avoir bu ; mais ça dure si peu ! Eh bien, dites, si vous voulez, Victorien Sardou, Alexandre Dumas fils, Henri Meilhac, et puis ce sera tout. — L'étiquette qui recouvre la bouteille, oui, une belle affaire ! Et combien de fois c'est trompeur, ça ! Donc, quatre-vingt-dix fois sur cent, on vous fait boire du nectar sophistiqué. Vous entrez, vous prenez, une bouteille qui porte ces mots sur son cou : *haut sauterne;* vous versez, et vous n'avez que de la piquette. Eh bien, c'est souvent comme ça au théâtre. Ne nous arrêtons pas au nom des producteurs.

LE BUSTE DE MOLIÈRE. — Excellent public, va !

XXXVII

LE RÊVE DE FLORENCE

On avait donné à Florence S*** un piano Erard, un élève du Conservatoire pour maître, toute une pile de cahiers de musique, c'est-à-dire les meilleurs, les nouveaux, les plus enivrants des opéras du jour. Entr'autres chefs-d'œuvre, la pauvre enfant avait à feuilleter, à étudier, à chanter le rôle de l'*Ambassadrice* de Scribe et d'Auber. Vous savez ce touchant épisode de la vie d'une femme de théâtre, où l'on voit une jeune cantatrice épouser un grand du monde, un ministre plénipotentiaire. Dans un superbe couplet de facture, la prima donna énumère les petits bonheurs qu'elle aura à éprouver le jour où elle sera grande dame.

J'aurai ma loge à l'Opéra!

Chante-t-elle, et Dieu sait si le Paris de la musique a applaudi ce grand couplet et toutes les jolies artistes qui l'ont chanté pendant trente ans! Quant à Florence S... elle s'en était éprise de même que toutes les petites bourgeoises, ses pareilles. Ces tirades de l'*Ambassadrice* avaient passé par son cœur et par sa tête avant de sortir de sa bouche de jeune fille. Toutes les fois qu'il fallait vocaliser, elle les modulait, mais en vraie virtuose, et, notez-le, c'était pour lui faire faire un rêve inverse de celui des autres chanteuses. Celles-là demandaient, ainsi que le poème l'exige, à devenir la femme d'un ambassadeur. Elle, cette jolie petite bourgeoise, elle rêvait de devenir cantatrice en titre, une étoile de théâtre.

Voyez donc la belle vie! En allant de temps en temps à l'Opéra-Comique en compagnie de ses parents, elle n'avait fait qu'entrevoir ces jeunes femmes. Ne sont-elles donc rien de plus? Habillées en reines ou, pour le moins, en princesses, courtisées par les premiers chanteurs, applaudies par une salle entière, bombardées de fleurs en toute saison, venant de chez elles et y retournant en voiture, quelle existence prestigieuse n'ont-elles pas! Au dehors, la presse les encense; les peintres se disputent l'honneur de jeter leur portrait sur la toile; leur nom est partout, sur toutes les lèvres. Être une chanteuse en renom, quel rêve! C'est cent fois mieux que d'être la filleule des fées.

Oui, sans doute, oui, cela séduit au plus haut point l'imagination d'une petite bourgeoise de Paris, mais, comme revers à la superbe médaille, lisez, je vous prie, la très simple histoire de Florence S...

Une physionomie à la fois douce et piquante, des cheveux d'une fine nuance châtain-clair, des yeux d'un bleu tendre et profond, une taille svelte et légère, tels étaient les avantages dont la nature avait doué la demoiselle Florence. Joignez-y une voix fraîche et sympathique, et vous ne serez pas surpris que la jeune fille se trouvait, à l'âge de seize ans, mal à l'aise comme un oiseau en cage, dans la boutique de ses parents, modestes marchands chapeliers de la rue des Barres.

Ses goûts artistiques s'étaient développés; elle chantait avec succès dans les concerts. Tous les rêves, toutes les illusions s'éveillaient tumultueusement comme une couvée frémissante dans son cœur. L'avenir pour elle se levait radieux ; aussi ne fut-elle que médiocrement surprise quand un impresario lui offrit de brillants appointements si elle consentait à se joindre à la troupe lyrique qu'il recrutait pour la Russie.

Longtemps les parents hésitèrent à la laisser

partir ; il y eut bien des embrassements, bien des larmes, mais les propositions qu'on lui faisait étaient si séduisantes, la carrière qui s'offrait à ses débuts était si belle ! Bientôt elle reviendrait chargée de gloire et de roubles.

On consentit.

Voilà donc la fauvette envolée pour les climats glacés où elle allait faire concurrence aux cygnes du Dniéper et à ces beautés du Nord qu'a chantées le poète cosaque Padura :

> Nos filles sont sveltes et blanches ;
> En lourdes tresses leurs cheveux
> Se balancent jusqu'à leurs hanches ;
> Leurs sourcils sont noirs, leurs yeux bleus.

Florence apparut sur ces froids rivages comme un printemps mélodieux ; elle illumina les imaginations et les cœurs ; elle fut applaudie, adulée. Sa vie devint une fête perpétuelle.

Mais le malheur était là tout près, guettant sa proie.

On l'avait engagée au théâtre Michel.

Un soir d'hiver, la jeune Parisienne représentait Friga, la Fée des brouillards, vêtue d'une robe soie et argent. Toutes les lorgnettes des jeunes Russes de distinction étaient braquées sur elle. Très certainement, à la fin de la soirée, elle serait inondée d'une pluie de fleurs, roses, œillets, lilas blancs de Perse. Entourée des Walkyries, ses compagnes, elle égrenait devant les dames de la cour et l'aristocratie moscovite les perles de son gosier. Tout à coup, au milieu des applaudissements éclatent des cris d'effroi. La robe de gaze d'une sylphide a pris feu à la rampe. L'actrice éperdue se précipite vers ses compagnes et leur communique la flamme.

On essaie de leur porter secours, mais l'incendie gagne le théâtre. Les spectateurs effrayés s'enfuient. Tout est consumé. Deux jeunes filles ont cessé de vivre. Florence n'a échappé que par miracle à la mort. A la suite d'une longue maladie, elle se trouve dans ce pays éloigné, sans argent, sans ressources, car son impresario ruiné l'a abandonnée. De plus, sa voix est trop altérée pour qu'elle puisse en tirer parti.

Alors l'humble intérieur de ses parents, la petite boutique de la rue des Barres lui apparaissent comme le paradis. Mais le but de ses désirs est bien loin. Néanmoins, elle ne perd pas courage, et avec quelque argent dû à la générosité de personnes bienfaisantes, elle se met en route pour la France.

Que de souffrances, que de tribulations pendant ce long voyage! Enfin elle arrive à Paris; mais la guerre et la Commune ont bouleversé bien des choses. Ses parents sont morts; la chapellerie a de nouveaux maîtres; la maison, qu'elle avait habitée avant son départ, rue du Château-d'Eau, a été incendiée.

Que va faire l'infortunée ? On la met à la porte de la petite chambre qu'elle occupait dans un garni de la rue Racine, et dont elle ne peut payer le loyer; on lui retient son passeport et ses papiers.

Elle est sans asile, on l'arrête, et la voilà, sous l'inculpation de vagabondage, devant le Tribunal correctionnel (9ᵉ chambre), présidée par M. Guérin de Vaux; son attitude est décente et sa tenue des plus convenables. Aucun renseignement défavorable n'a pu être recueilli sur son compte. Elle déclare être âgée de vingt-deux ans.

M. le Président. — Votre profession ?

La prévenue. — Artiste lyrique.

M. le Président. — Vous êtes prévenue de vagabondage ?

La prévenue raconte ses malheurs, dont le récit lui concilie la sympathie du Tribunal et de l'auditoire.

M. le Président. — Vous n'avez pas retrouvé vos parents?

La prévenue. — Les renseignements que j'ai pris m'ont malheureusement révélé qu'ils avaient cessé de vivre.

M. le Président. — Vous ne pouvez exercer votre profession ?

La prévenue. — La voix m'est revenue; mais je n'ai ni toilette, ni costume pour me présenter dans les théâtres, et je ne puis attendre.

M. le Président. — Connaissez-vous quelqu'un qui puisse vous réclamer et vous venir en aide?

La prévenue. — J'ai un parent éloigné qui demeure rue de la Pépinière, mais il est hors d'état de me secourir.

M. le Président. — Personne autre ne peut vous aider?

La prévenue. — Madame la supérieure de Saint-Lazare a promis de s'occuper de moi.

M. le Présidemt. — Alors, à demain. On écrira à la supérieure.

La prévenue fait une gracieuse révérence, puis une seconde : elle en allait commencer une troisième quand l'audiencier l'arrête. Elle se croit encore devant la rampe.

Pauvre fille! La rampe est éteinte et les illusions sont envolées, mais le Tribunal est indulgent, et sa bienveillance ne vous fera pas défaut.

A l'audience du lendemain Florence reparaît. On a écrit à la supérieure, et elle a répondu par la lettre suivante :

J. M. J.

Communauté des sœurs de Saint-Joseph.
Prison de Saint-Lazare, rue du Faubourg
Saint-Denis.

Paris, le 26 janvier 1872.

« Monsieur le Président,

» La nommée Deveaux (Florence), désire ardemment que je m'occupe d'elle. Vu ses bonnes dispositions, je veux bien m'en charger pour la faire rentrer quelque temps dans notre ouvroir de Vaugirard, et pour la placer ensuite d'après ses aptitudes, si toutefois M. le Président veut bien la remettre à ma disposition.

» Daignez agréer, monsieur le Président, l'hommage de mon religieux respect.

» La supérieure de Saint-Lazare,

» Sœur Marie-Eléonore. »

M. le Président prononce l'acquittement de la prévenue et ordonne qu'elle soit remise à la supérieure.

Florence fait de nouvelles révérences et se retire.

Elle accepte sans murmure son nouveau sort. Les travaux de couture, voilà désormais son lot.

Sans doute ce n'est pas la vie d'une diva de *primo cartello;* mais le pain de chaque jour ne lui manquera pas.

On le voit, cette très simple histoire est presque la traduction en prose d'une vieille pièce de théâtre de la Porte-Saint-Martin : *Victorine ou la Nuit porte conseil,* drame fort connu de 1830 à 1840.

Jeunes filles de Paris, coupez les ailes de sylphe de vos âmes, surtout quand ces rêves vous poussent sur les planches !

XXXVIII

AUGUSTE LIREUX, DIRECTEUR DE L'ODÉON.

Un Normand, ayant l'arrogante cautèle des enfants de son pays. Il était de taille moyenne, sans nulle élégance ; la figure rougeaude, les yeux couverts de lunettes vertes, le sourire sardonique. Il était vif, mais plus pétulant que vif, très abondant en paroles, mais ne sachant pas causer. Il avait de l'esprit. Pas énormément ! Un esprit de rapin, ou d'histrion, au gros sel, mais beaucoup de verve, beaucoup de gaieté. Le fond de son tempérament était de rire de tout et d'une manière bruyante. Raison pour laquelle il était autant redouté que recherché.

On racontait qu'il avait débuté à Rouen par un petit journal de commérage, intitulé : l'*Indiscret*. Naturellement cette feuille s'était occupée de choses et de gens de théâtre, et c'était ainsi qu'il avait été vite mêlé à ce monde bizarre et prestigieux qui va du bohème au grand artiste. Après deux ou trois duels et autant de procès, ayant considéré son apprentissage de journaliste comme suffisamment fait, il était venu à Paris, très léger d'argent et de savoir. Où a-t-il commencé à mettre du noir sur du blanc? Je ne saurais le dire, puisque sa griffe n'a pas laissé de traces. Mais jusqu'en 1848, il avait été rédacteur en chef de la *Gazette des Théâtres*, feuille bi-hebdomadaire, visant Paris et la province, et il faut reconnaître qu'il y fustigeait avec une certaine verdeur les mauvaises pièces et les mauvais acteurs.

Au moment où éclata cette révolution de Février qui avait surpris tout le monde, le désarroi s'était mis tout à coup dans le personnel du *Charivari*. Tandis que M. Altaroche était envoyé comme commissaire-général dans le Puy-de-Dôme, M. Albert Cler allait occuper un consulat en Italie. Ce fut alors que Louis Huart embaucha Auguste Lireux, et fit de lui un franc-archer de la petite presse. Déjà le Normand moqueur, prenant les devants, s'était quelque peu escrimé dans le *Journal* d'Alphonse Karr, et dans une feuille volante, la *Séance*, qu'il composait concurremment avec le pauvre Louis Lurine, ce Français qui a eu un peu chez nous l'existence de Gil Blas.

Au *Charivari* ressemelé, on confia à la nouvelle recrue le compte rendu des débats de l'Assemblée Nationale. Cet article, il le fit en charge d'un bout à l'autre. Sans s'inquiéter de rendre la physionomie des séances, il s'échappait, ce qui était plus facile, en lazzis, en petites esquisses, en concetti de tout genre, dénaturant le nom des orateurs, grossissant leurs traits, enfin, des procédés dont on use au théâtre, quand on veut y faire des parodies. Hâtons-nous de le dire : la chose réussit vite et pleinement. De l'aveu même de ses collaborateurs, il s'en fallait pourtant beaucoup que ce fût une chose bien faite, mais il n'y a rien à opposer au succès. Au Palais-Bourbon et en ville, on s'arrachait le *Charivari* pour lire son article de préférence aux autres. Cela se passait pendant la Constituante. Un peu plus tard, il réunit ces croquis en un grand in-octavo, que Cham illustra avec son crayon, et ces pages obtinrent un redoublement de vogue.

En raison d'une réussite si inattendue, Auguste Lireux s'en fit quelque peu accroire. Étant son voisin dans la Tribune des Journalistes, je le voyais, tous les jours, de près, ce qui me mettait à même de l'entendre se congratuler, lorsque personne ne songeait à lui faire de compliments. Bien entendu, pour cadrer avec le personnage d'opposition vive qu'il se faisait, l'ancien directeur de l'Odéon se posait alors en républicain à l'épreuve de tout. Ce ne serait pas lui qu'on verrait jamais retourner sa casaque ni mettre sa main dans la main de la réaction. Rien de mieux dit, mais, au bout d'une année, par dilettantisme ou par calcul, comme on voudra, il dirigeait tout à coup une polémique d'âcres personnalités contre le docteur Louis Véron, directeur du *Constitutionnel*, celui-là même que, dans un mouvement de belle humeur, M. Thiers venait de surnommer *le père aux écus*. Auguste Lireux lui avait rappelé le temps où le bourgeois de Paris, ami des Bourbons, était nommé par eux médecin des statues du Luxembourg. Il lui avait mis sous les yeux la pâte Regnauld, origine de sa fortune. Il l'avait ramené à l'ancien Opéra, transformé par lui en harem ou en haras, au choix. Enfin, allant toujours *crescendo*, il s'était mis à lui arracher sa cravate proverbiale et à mettre aussi à nu ses écrouelles. L'ironie dégénérait donc ainsi en insulte. Comme le docteur Véron penchait déjà du côté de Louis Bonaparte, la galerie riait et était encore une fois du côté du journaliste. Mais pour le faire taire, le vieillard lui offrit le feuilleton du lundi dans son journal avec des honoraires bien supérieurs à ceux que pouvait payer le *Charivari*. Le sagittaire, mettant bas son carquois, accepta sans la plus légère hésitation. A bien analyser les choses, on aurait pu trouver dans cette affaire un cas de chantage. Pourtant cette permutation d'un poste républicain à un endroit napoléonien passa comme une lettre à la poste et nul n'en sonna mot. Voilà comment l'épigrammatiste fut amené à refaire de la critique théâtrale. La transformation ne fut heureuse qu'au point de vue du salaire. Ce feuilleton était lourd, gris, sans esprit, sans nul relief. On ne prêtait plus d'attention à ce que ce transfuge pouvait écrire.

Ce ne fut qu'à la fin de 1851, à l'heure du coup d'État qu'on se reprit à parler d'Auguste Lireux et voici pourquoi.

Quoiqu'il écrivît dans un journal élyséen, comme on disait alors, il n'était pas bonapartiste. On le savait de reste. Or, le jour sinistre, où, gorgée de vin, l'armée envahit les boulevards, il y eut çà et là quelque coups de feu tirés des fenêtres sur la troupe. A tort ou à raison le journaliste, se trouvant sur les lieux, fut accusé. Une marchande de tabac ne craignit pas de le signaler comme étant l'un de ceux qui venaient de décharger leur arme sur les soldats. En moins d'une minute on lui mit la main au collet. Il fut arrêté et placé entre quatre fusiliers et leur chef qui le conduisaient à l'endroit où se faisaient les exécutions sommaires, c'est-à-dire du côté des Champs-Élysées. Être collé au mur et assassiné ainsi, sans forme de procès, sans même qu'on se donnât la peine de constater l'identité, ce n'était pas une perspective qui pût plaire beaucoup à un viveur aussi gai que l'était le feuilletonniste du *Constitutionel*. On conçoit fort bien que le patient ait cherché à mettre les holà. Chemin faisant, il haranguait donc les cinq hommes qui le conduisaient au supplice. Il les suppliait. Il protestait de son innocence. Il répétait qu'il n'avait rien fait. Bref, il fit si bien qu'il y eut, en sa faveur, un point d'arrêt. L'escouade, ébranlée, le déposait, rue Royale, dans un poste commandé par un colonel. Sur ce, grande colère de ce dernier. « — Ah ça, n... de... D..., tas de » clampins, s'écriait cet officier supérieur, qu'est-» ce que vous me f...-là? Pourquoi m'amener » cet *insurgé*? Il fallait obéir à vos ordres, nom » de D! Il fallait lui *faire son affaire*. — Mais, mon » colonel, c'est qu'il ne veut pas. — Comment! » il ne veut pas? La belle histoire! Eh! pardieu, » ils ne veulent jamais! » Finalement il les renvoyait, en leur enjoignant d'obéir à leurs à ordres. Mais Lireux ne perdit pas la carte. En prenant les choses en douceur, il parvint à se faire écouter du colonel. Après s'être nommé, il se recommanda d'abord du docteur Véron et, en second lieu, de mademoiselle Rachel (du Théâtre-Français). En un tel temps, ce dernier nom était magique. Le colonel consentit à faire appeler la tragédienne qui, du reste, ne demeurait qu'à dix pas de là; Hermione accourut, obtint un sursis, se jeta dans une voiture, s'en alla trouver le comte Walewski, l'un de ses amants, et le prisonnier fut relaxé.

Entendons-nous, il ne fut rendu à la liberté que sous condition. Il lui était enjoint de s'éloigner de Paris pendant trois mois, ce qui eut lieu, en effet. Ajoutons ici un détail qui est tout à l'honneur des gens de lettres. Durant son absence, le feuilleton ne devait pas chômer. Quatre des amis du journaliste s'entendirent généreusement pour faire son compte rendu à tour de rôle et en sa place. Ces camarades étaient François Ponsard, l'auteur de *Lucrèce*, Emile Augier, l'auteur de la *Ciguë*, Auguste Maquet, le collaborateur d'Alexandre Dumas, père, et un autre que je ne me rappelle pas.

Mais si ingénieuse que fût cette combinaison, elle ne devait pas durer. Très peu de temps après l'épisode, la presse ne vivait plus sous l'empire des anciennes lois libérales ni des habitudes fraternelles. Tout ce qui était imprimé dans Paris dépendait désormais du pouvoir. De par M. Achille Fould ministre d'État, le feuilleton du *Constitutionnel* fut confié à un italien, à Pier-Angelo Fiorentino auquel on donna par surcroît celui du *Moniteur Universel*, cumul sans exemple. Quand le revenant du 2 décembre reparut, il quitta le journalisme et se mit à faire de la finance à la Bourse.

Jadis un mot de lui avait fait fortune. Sous Louis-Philippe, les écrivains de la Provence s'étaient emparés de Paris. Parmi eux, on remarquait MM. Thiers, Mignet, Méry, Barthélemy, Léon Gozlan, Eugène Guinot, Marie Aycard, Taxile Delord, Amédée Achard, Louis et Charles Reybaud, madame Reybaud, Charles Rouget, Emile Solié et cinq ou six autres.

— C'est *la peste de Marseille!* s'était écrié Lireux.

Ce mot n'avait pas tardé à faire le tour de Paris.

Mais l'époque la plus laborieuse et la plus intéressante de la vie d'Auguste Lireux a été son passage à l'Odéon.

En ce temps-là, il n'y avait pas de théâtre plus moqué. Dans les revues de carnaval, on représentait, par exemple, ce malheureux théâtre entre deux serruriers. Aussitôt que l'un des deux venait de le rouvrir, l'autre accourait pour le refermer. Le fait est que, contrairement à ce que demande le proverbe, il n'était jamais ni ouvert ni fermé. On répandait sur lui toutes sortes de bruits étranges comparables aux récits d'un voyageur revenant de la lune. Il poussait des champignons dans la salle. Il existait dans le trou du souffleur un crapaud centenaire. Les ombres de Picard et d'Andrieux se promenaient la nuit dans l'enceinte en agitant des chaînes et en récitant des vers de douze pieds, sans enjambement.

Tant de légendes étaient bien faites pour donner la chair de poule. Lireux cependant n'hésita pas. Il entreprit de ressusciter cette belle salle qui avait des aspects de mausolée et, en effet, il la fit revivre, Dieu sait avec quels efforts surhumains !

Un de ses intimes lui communiquait un jour tout son effroi.

— Ah! ça, voyons, qui vous a poussé à devenir directeur de l'Odéon?

— Le désir de voir de près ce qu'il y a de plus comique dans les misères humaines, répondit le journaliste.

Et en effet, sur le boulevard des Italiens on prétendait alors que ceux qui s'aventuraient jusque-là devaient d'abord faire leur testament par devant notaire, afin de rassurer leurs familles. Ajoutez que cette Arabie Pétrée de l'art dramatique ne jouissait pas alors de la subvention de 100,000 francs qu'on lui a accordée plus tard. En rusé Normand, Lireux espérait-il qu'à la vue de ses efforts on finirait par lui concéder cette haute paie?

Cependant, dans l'intérieur du théâtre, l'existence des artistes, des employés et des auteurs ressemblait grandement à un chapelet d'utopies. D'où venaient-ils? Comment vivaient-ils? Où perchaient-ils? Autant d'insondables mystères. Le public même de l'endroit était tenu pour quelque chose de fabuleux, et néanmoins il y avait un répertoire, une affiche quotidienne, une troupe où l'on remarquait Bocage et madame Dorval, des contrôleurs, des ouvreuses, une salle à peu près éclairée et, problème des problèmes, un *droit des pauvres* perçu régulièrement, tous les soirs.

On se demandait, non sans terreur, ce que pouvait bien être le droit des pauvres perçu à l'Odéon.

Je me rappelle encore une pièce aristophanesque qu'on donnait aux Folies-Dramatiques, alors dirigées par le père Mourier. Lireux, plein d'audace, était parvenu à faire jouer une œuvre de Molière dont tout le monde avait peur et qu'on n'avait jouée nulle part depuis cinquante ans; c'était *Don Juan*, si fier, si terrible, si libre penseur, surtout dans la scène du mendiant et dans l'apparition du Commandeur. Cette reprise avait fortement impressionné la critique, mais le public, déshabitué des grandes choses, était demeuré froid. Au petit théâtre du boulevard du Temple, on prenait la chose plaisamment. Ainsi, pour se moquer de l'Odéon, toujours vaincu, le compère de la Revue, voyant arriver le théâtre de la rive gauche sous la figure du Commandeur, lui adressait à brûle-pourpoint cette question de police correctionnelle :

— Odéon, quels sont vos moyens d'existence?

Et la statue était naturellement muette, et le public se tordait de rire.

Pauvre et lamentable Odéon !

Auguste Lireux aussi riait tout le premier de cet état de choses.

Un jour, vers les mêmes temps, il arriva d'Allemagne à Paris une troupe de tragédiens, gens de talent, fort honorables, mais plus pauvres que Job. On les remisa au Théâtre-Ventadour où ils jouèrent dans le texte natif de Lessing, de Goëthe et de Schiller; mais c'était la voix dans le désert. Les Parisiens, qui n'ont pas su se donner la peine d'apprendre l'anglais pour comprendre Shakespeare, savent encore bien moins l'allemand. Bref, les pauvres diables ne firent pas leurs frais.

Or, un soir, en les voyant passer amaigris par le jeûne, attristés par l'insuccès et vêtus l'hiver comme on l'est l'été, Lireux qui se trouvait dans un groupe s'écria vivement :

— Que voulez-vous ? C'est l'Odéon de Vienne !

Le mot était féroce, mais comme la pointe de la saillie se retournait contre son auteur, il n'y avait qu'à en rire, et ce fut ce que l'on fit.

Il ne faisait pas que des mots, il parvenait en outre, à l'aide d'une gymnastique de volonté incroyable, à fonder réellement un théâtre qui, après l'épreuve de la bohème, arrivait peu à peu à vivre, à prendre rang et à projeter sur les contours de notre histoire littéraire un très vif éclat. C'est alors qu'il joua coup sur coup des œuvres de Léon Gozlan, de Félix Pyat, de d'Epagny, la *Lucrèce* de Ponsard, la *Ciguë* d'Emile Augier, et quelques autres pièces qui méritaient que la salle ne fût plus sous l'empire du guignon.

Mais une fois lancé sur cette pente du succès il s'y laissa trop vite glisser et poussa l'amour de la blague jusqu'à faire aux Parisiens des niches qui n'auraient pu réussir même chez les naturels de Quimper-Corentin. De ce nombre était le *Mariage forcé*, pochade composée par un débutant, M. Ernest de Calonne, *dans le genre de Molière*, et qu'il fit annoncer comme une œuvre posthume du Contemplateur qu'un archéologue aurait découverte au fond d'un grenier. Ici la farce était complète. Une fois la pièce jouée et applaudie, car elle était amusante, Lireux avait fait disposer au foyer, sur des tables, les feuillets épars du manuscrit, avec cette légende : *Ecriture authentique de Molière*. L'écriture de Molière! Il n'y a pas d'amateur d'autographe qui ne sache qu'elle est introuvable, à ce point qu'on ne possède aux archives de la Comédie Française que deux exemplaires de la signature complète. Authentique! Si cela l'eût été, le manuscrit aurait valu un million haut la main, et l'Odéon n'aurait plus tiré le diable par la queue.

M. Ernest de Calonne avait été à la fois l'auteur de la pièce et le savant calligraphe de cette mystification.

En dépit de tant de vaillantes campagnes et de ses tours de gibecière, il ne fit pas fortune à l'Odéon et dut reprendre la plume de journaliste qu'il regrettait d'avoir quittée. Des articles de journal, encore des articles de journal, rien que des articles de journal. Il en faisait d'excellents et pas toujours, puisque la chose n'est pas possible, mais il ne savait faire que cela. Aussi l'entendions-nous comparer l'improvisateur d'une feuille quotidienne au comédien. Ce qu'il a écrit hier n'existe déjà plus aujourd'hui; ce qu'il a écrit aujourd'hui ne sera plus demain. Néanmoins, il avait tenté d'attacher son nom à un volume.

— Ne ferez-vous donc rien autre chose que du journal? lui disais-je un jour que nous revenions ensemble de la Constituante.

— Si fait bien.

— Quoi donc?

— Un livre, mais il est inachevé. Il faudra encore quatre ans pour le finir; oui, mais quel succès! Ça aura pour titre: la *Suite du Roman comique*.

Très certainement il ne se sentait pas propre à faire un acte ni à jeter sur le papier une nouvelle de trente pages, mais si un homme des générations modernes était à même de nous donner un pendant à l'épopée burlesque de Paul Scarron, c'était bien Auguste Lireux, le rédacteur en chef de la *Gazette des Théâtres*, l'ancien directeur de l'Odéon. Fort bien, mais s'est-il tenu parole? Où est le *Roman comique* du dix-neuvième siècle?

Mon dieu! les événements se sont pressés. La République a été égorgée pendant une nuit d'hiver. Après le coup d'Etat, l'Empire; avec l'Empire la fièvre de l'argent, l'envie immodérée et absolue de faire fortune. Lireux s'est rangé parmi les Almaviva de la Bourse et il a gagné un gros lot, plus d'un demi-million. Ceux qui l'ont vu à Bougival dans les dernières années constataient qu'il avait encore quelque chose de gai; mais, un peu pareil désormais au savetier de la fable, il ne riait plus d'un rire si bruyant ni si expressif.

— Ah! disait-on, ce n'est plus la suite du *Roman comique*, mais c'est la suite du 2 décembre.

Il est mort, un jour, par hasard, et peut-être est-il mort parce qu'il était devenu riche.

XXXIX

LE PERSAN DE L'OPÉRA.

Sur la fin de l'Empire, les habitués de l'Opéra lorgnaient sans cesse un être mystérieux, bizarre, un petit vieillard à barbe blanche et à bonnet de mouton noir pointu.

On ne l'appelait que le Persan.

— Le Persan est-il à sa stalle?

— Avez-vous vu le Persan?

— Eh! montrez-moi donc le Persan!

Il passait pour être très riche. Ce qui donnait à le supposer, c'étaient deux choses: son obstination à venir tous les soirs à l'orchestre de l'Opéra et un diamant de la plus belle eau qu'il portait à l'annulaire de la main droite.

On répandit sur lui beaucoup d'histoires, et ces histoires étaient probablement des fables.

Un faiseur de racontars s'était mis un soir au

foyer, pendant un entr'acte de *Robert le Diable*, à faire la biographie de cet étranger, et bientôt ce qu'il disait s'enroulait en toutes sortes de variantes.

Ce Persan, peut-être un descendant de Darius Codoman, le vaincu d'Alexandre, avait été gouverneur d'une ville pour le schah. Un jour, pressé par le démon du lucre, il aurait vendu cette ville aux Anglais, et les Anglais, indépendamment d'un trésor, lui auraient payé cette trahison cinquante mille francs de rente.

Pour moi, j'ai toujours trouvé les susdits racontars invraisemblables; mais Paris n'est pas pour rien la capitale des gobe-mouches. Personne n'a hésité à accepter la légende de la ville vendue à la Grande-Bretagne. C'était, d'ailleurs, une manière d'expliquer, et la stalle d'orchestre de tous les soirs, et le diamant gros comme un œuf de pigeon.

— Mais, disais-je, pourquoi n'aurait-il pas fait sa fortune dans le commerce, dans la diplomatie, dans la banque ou dans les jeux de hasard, comme presque tous les habitués de l'Opéra?

J'ai entendu se répandre une autre version, probablement pas plus vraie.

La scène se passe toujours en Perse, dans une ville du shah, voisine des Indes, convoitée, assiégée même par le léopard britannique. En vertu des lois du pays, il est interdit aux assiégés de tirer des coups de feu, ce qui pourrait passer pour un signal à l'ennemi. Néanmoins, un jeune homme de grande famille, emporté par la fougue de son âge, vise des pigeons sacrés et tire des coups de fusil. Raison pour laquelle l'adolescent est condamné à avoir la tête abattue d'un coup de cimeterre.

Par bonheur, il est averti, s'échappe et peut se sauver, grâce à la connivence des Anglais. Voilà comment il est revenu en Europe; voilà comment il mène à Paris, de 1830 à 1868, la vie d'un dilettante, d'un sybarite, d'un raffiné et d'un sceptique délicat.

Est-ce vrai, ce que je viens de vous conter? Pas plus vrai que l'autre roman de la trahison; mais, vous le voyez, voilà bien l'habitant de Paris sur la fin du dix-neuvième siècle; la prose de la vie réelle ennuie tant, tant, tant, qu'il imagine mille moyens possibles et impossibles de se jeter dans le merveilleux, afin d'éviter le spleen. Qui donc se sentira la force de l'en blâmer?

Le Persan vivait chez nous à dater de 1830 ou à peu près. Jugez s'il a eu à rencontrer sur son chemin des sots, des éventés, des indiscrets et des bélîtres, et si le pauvre homme, exilé volontaire de la Médie ou de l'Hyrcanie, est seulement venu vieillir et mourir chez nous parce qu'il aimait notre climat, notre cité, nos mœurs, nos arts et notre cuisine; qu'avez-vous donc à en dire?

N'avoir rien à dire, ne rien dire d'un inconnu, voilà qui ne se verra jamais dans Paris.

Combien de fois j'ai vu nos contemporains s'emporter à cause de l'obstination que le mystérieux Oriental mettait à garder le silence! En effet, en quarante années de temps, il n'a pas prodigué quarante paroles; il vivait au milieu du peuple le plus bavard du globe, et il s'est tu. Il avait à dépenser cinquante mille livres de rente, et il ne s'en vantait pas. De temps en temps il recevait, par des caisses arrivant de Tiflis, des conserves de roses, des parfums, des fleurs rares, et il n'en faisait point parade. Mais voyez s'il s'entendait à être fin! Il avait à l'annulaire de la main gauche ce superbe diamant de Samarcande que les joailliers estimaient cent cinquante mille francs, tant il était gros et limpide, et le rusé petit vieux ne dédaignait jamais de le mettre en évidence, ce diamant toujours chargé de jeter ses éclairs aux yeux.

Les élégants disaient:

— Il n'y a que le prince de Galles qui en ait un pareil.

Nos petites bourgeoises en étaient foudroyées. Une fois ou deux, sous le règne de Napoléon III, véritable César des hannetons, quand il était encore un peu jeune, il pénétra dans les coulisses du grand Opéra, son diamant lui servant de lanterne. Trois danseuses du corps de ballet avaient parlé de l'enlever.

Il est mort, le Persan, puisque tout meurt, puisque tout passe.

Cette grande cité qui s'était tant occupée de ce silencieux inconnu pendant vingt ans, ces curieux qui dressaient la tête à sa vue, ces reporters qui faisaient des lignes de journal sur sa vie, ces soupeuses qui auraient si bien voulu avaler son diamant, tout ce monde-là n'a plus eu l'air de se douter qu'il manquât un habitué à l'orchestre de l'Opéra. Huit jours ne s'étaient pas écoulés qu'on disait :

— Le Persan! Ah! c'est juste, il y avait un Persan jadis, fameux à cause d'une bague qu'il avait au doigt! Eh bien, qu'est-ce que tout ça est devenu?

Peu s'en est fallu que cette même tourbe d'esprits charmants — les Parisiens — n'aient dit, comme ils disaient un jour, avant 89, chez nos pères :

— Peut-on être Persan?

XL

A TRAVERS LES FOYERS.

Un chercheur de curiosités biographiques vient de trouver un document précieux; c'est l'acte mortuaire de Bellini, le doux Bellini, l'immortel auteur de *Norma*, des *Puritains* et de la *Somnambule*.

Dans cet acte, Bellini est qualifié de *professeur de musique*.

MAIRIE DE PUTEAUX

Extrait des registres des actes de décès pour l'année 1835.

L'an 1835, le 24 septembre, à dix heures du matin, par devant nous, Julien Guillaume Jérôme, maire et officier de l'état civil de la commune de Puteaux, canton de Courbevoie, arrondissement de Saint-Denis, département de la Seine, sont comparus les sieurs : Jacques-Louis Huché, âgé de cinquante-trois ans, journalier, et Joseph Hubert, âgé de trente-sept ans, jardinier, tous deux domiciliés dans cette commune et amis du défunt ci-après nommé.

Lesquels nous ont déclaré qu'hier, à cinq heures du soir, est décédé en la maison du sieur Legigan, quai Royal, en cette commune, VINCENZO BELLINI, âgé de trente-deux ans, professeur de musique, célibataire, né à Catania, en Sicile. Sur quoi, nous, officier de l'état civil susnommé, après nous être transporté, accompagné des déclarants, au domicile où se trouve le corps du défunt, nous nous sommes assuré du décès. En foi de quoi nous avons dressé acte qui a été transcrit sur les deux registres et signé par les déclarants et nous, après lecture.

Suivent les signatures.

Pour copie conforme :

Le maire,
Signé : BLANCHE.

Puteaux, le 3 février 1874.

Quel vulgaire prélude à l'immortalité !

*
* *

Ceux des Parisiens qui, pendant le règne de Louis-Philippe et même au commencement du second Empire avaient l'habitude de fréquenter le Théâtre-Français, y ont beaucoup suivi des yeux, parfois admiré et souvent applaudi une actrice de talent, alors un peu chargée d'embonpoint, mais qui avait commencé, paraît-il par être et très mince, et très svelte. J'ai nommé mademoiselle Mante. A l'époque où, sous la Restauration, mademoiselle Mars, ornée de violettes bonapartistes, excitait les transports de tous les anciens officiers de la vieille garde, les jeunes gardes du corps de Charles X, par esprit de riposte, avaient suscité cette débutante en cherchant à la parer en rivale de Célimène. Il y eut, en effet, une sorte de rivalité, mais si mademoiselle Mante était plus jolie, l'autre ne cessait pas d'être plus grande comédienne.

Un jour, on fit courir dans Paris quatre vers sur cette antagonisme.

Les voici, ces vers, tel que je les ai reçus de M. Hector de Jailly, un des habitués de la maison de Molière.

> Elle est Vénus, elle est charmante,
> Elle attire tous les regards.
> Pourtant elle n'est pas l'amante
> De Mars.

Ce quatrain, fait de main de maître, comme on le voit, avait pour auteur Désaugiers, le même qui a écrit le *Dîner de Madelon* et les pots-pourris de Cadet Buteux.

*
* *

Le Guignol des Champs-Élysées était en train de rosser le commissaire. Le chat, pelotonné sur la balustrade, regardait. Un coup de bâton s'égare sur son dos.

Le chat furieux saute sur Guignol et sur le commissaire, et, de deux formidables coups de patte, les renfonce tous deux dans le troisième dessous.

Alors, autre fureur : celle de l'impresario, qu'on voit apparaître, la figure pourpre et brandissant un bâton plus sérieux que celui de Guignol, dont il va caresser l'échine de ce chat assez impudent pour porter la griffe sur ses acteurs...

Quand tout à coup un des spectateurs, un monsieur de cinq ans :

— Monsieur, ne battez pas le chat ! c'est Polichinelle qui a commencé !

Ah ! le joli mot, homérique à force de naïveté !

Sans doute, sans aucun doute, c'était Polichinelle qui avait commencé, et il devait être châtié ; mais il y avait une autre moralité encore à tirer de l'affaire. En donnant un coup de bâton au chat, Polichinelle avait fait trop de zèle.

Il n'est pas mal de faire voir que le trop de zèle est toujours puni.

* *

Chez les poètes du jour, il est d'usage de traiter les actrices comme les Visitandines de Nevers ont traité jadis leur perroquet. En d'autres termes, on bourre ces dames de friandises lyriques au point de leur donner une indigestion.

En 1856, Arsène Houssaye, directeur du Théâtre-Français, céda à la fantaisie de publier dix portraits de comédienne en relief. Dans ce Panthéon d'artistes, on voyait figurer mesdames Rachel, Dubois, Madeleine Brohan, mademoiselle Fix, Augustine Brohan, madame L. Allan, mademoiselle Favart, mademoiselle Denain, mademoiselle Bouval.

Voici le quatrain que fit Léon Gozlan sur mademoiselle Nathalie.

A MADEMOISELLE NATHALIE

C'est jalousie
De comédie :
Et l'on t'appelle Nathalie
Pour ne pas t'appeler Thalie.

Au fond, en cherchant bien, à l'aide d'une loupe, un critique, doublé d'un grammairien, trouverait peut-être qu'à force d'hyperbole, Léon Gozlan a dit le contraire de ce qu'il voulait dire. — Tu n'es pas Thalie, tu n'es que Nathalie, » est-ce bien un compliment? Mais, à propos de la même comédienne, qui a été, l'on s'en souvient, une des plus jolies femmes de Paris, rapportons un autre tour de page ou de poète, comme on voudra. Cette fois, il s'agissait d'un souper entre gens de théâtre et gens de lettres. Dix actrices étaient au nombre des convives. En prenant place à table, chacune de ces dames, dès qu'elle avait déplié sa serviette, y trouvait un distique, non pas écrit sur elle-même mais fait sur celle qui était assise en face d'elle. Rapportons, hélas! les deux vers irrévérencieux que rencontra mademoiselle F*** sous sa main; mademoiselle F*** avait pour vis-à-vis cette même Nathalie, si bien célébrée par Léon Gozlan. — Cette fois, la praline était changée en chicotin, le madrigal en épitaphe.

Ci-gît la fausse Nathalie
Qui fausses dents à fausse natte allie.

— L'auteur? direz-vous. — Celui des poètes du temps qui passe pour être le plus fort sur le mécanisme de la prosodie et dont, par conséquent, le nom rime à ville.
— Théodore de Banville, pardieu!

19.

Quand Jules Janin échoua dans sa première candidature à l'Académie française, le Caveau s'empressa de poser un cataplasme sur les blessures de son amour-propre en allant au-devant de lui et en le recevant par acclamation membre de cet Institut de la chanson. Pour reconnaître tout ce qu'il y avait de fraternel dans ce procédé, l'auteur de l'*Ane mort* fit quatre ou cinq couplets, qu'il s'en fut chanter, un soir, à table, le verre en main, chez ses nouveaux amis. Il faut bien se résigner à le dire, ces strophes n'étaient pas bonnes. L'homme qui ciselait si bien la prose n'entendait rien à l'art de tourner les vers.

Eh bien, n'importe : Jules Janin tenait à ces méchants fredons. Des vers, il en a fait d'autres qu'il a bien voulu me montrer dans son jardin de Passy. Ceux-là, qui ne sont au nombre que de quatre, ont été composés à la maison de campagne de M. Paul Bapst (de la famille des Bertin). Il faut, pour les comprendre, savoir que cette résidence recevait tout un cercle d'artistes et de poètes, et entre autres MM. Léon et Ludovic Halévy, Prévost Paradol, Louis Ratisbonne, M. et madame Ponsard, etc., etc. — C'est même là qu'aurait été fait le *Lion amoureux*... et mieux que cela même.

Or le visiteur qui vient frapper à la porte s'arrête devant un indiscret quatrain, gravé sur un marbre et appliqué à l'entrée de la maison :

> Ici Ponsard collaborant
> Avec un complice charmant,
> A mis au monde, en moins d'un an,
> Une belle œuvre, un bel enfant.

— J. J. ! pour un gros homme, vous êtes leste ! — aurait dit une dame de l'endroit.

*
* *

A propos de Léontine Fay (madame Volnys), vieillissant et finissant à Nice, il y a dans cette ville baignée du soleil, une autre étoile de théâtre dont il est juste de dire un mot. Je veux parler de Sophie Cruvel!, cette première chanteuse, qui, en 1847, a été enlevée à l'Opéra par un millionnaire de la chambre des députés d'alors, le vicomte Vigier, son mari. Remarquez que de Sophie Cruvelli il n'est pas question, mais seulement de la vicomtesse Vigier. Le nom de l'ancienne et belle Valentine des *Huguenots* sur les affiches ne ferait pas vingt francs de recettes ; celui de la vicomtesse en produit une de quinze à vingt mille francs, comme cela est arrivé, une année. C'est le ton à Nice, où l'on compte pour peu de chose celui qui n'est pas prince, au moins.

Un titre de vicomtesse sur une affiche met en ébullition de joie tout le monde aristocratique.

— Allons entendre la vicomtesse ! disait-on après le mariage de la jeune femme.

Avec le temps est venu le silence. Mais l'ancienne chanteuse s'est faite dame patronnesse et, entre nous, c'est une manière de bien finir.

.˙.

En 1849, très peu de jours après l'élection du Prince-Président, comme on disait alors, les idées royalistes prenaient décidément le dessus sur la seconde République. Au théâtre surtout, il y avait comme une orgie de brocards contre les hommes de Février, déjà vaincus. Parmi les traits qu'on lançait, quelques-uns avaient un peu de piquant, mais, en général, tout cela finissait par des injures ou des non-sens. Deux vaudevillistes, souvent mieux disposés, MM. Varin et Boyer, firent jouer une pochade intitulée : *la Veste et le Pantalon*. Entre autres choses on y voyait figurer un marchand de comestibles qui chantait le couplet suivant :

> Dans ma boutique où personne ne bouge,
> La politique a créé des partis ;
> Plus d'un homard se défend d'être rouge,
> Car il prétend que les rouges sont cuits (*bis*).

Le public applaudissait à tout rompre et bissait même ce couplet.

Si l'on analyse ces quatre vers, on verra qu'il ne s'y trouve qu'une bouffonnerie sans saveur, uniquement injurieuse, et réellement rien de piquant. Mais, que dire ? Le vent du jour était à la haine de la Révolution à cause des excès du club et du sang versé par les barricades de Juin. Une exagération amenait une autre exagération. Et c'est ainsi que vont les choses dans le monde depuis le commencement des siècles. Charles Nodier, royaliste de vieille roche, disait en 1830 : « 93 a versé beaucoup de sang innocent, mais » le 9 thermidor, fait par les royalistes, en a » versé deux fois plus, et avec hypocrisie. » Mil huit cent quarante-neuf réagissait contre Mil huit cent-quarante-huit, mais en biaisant, en cherchant à rire de ce qu'il faisait et en ne sachant pas trop ce qu'il voulait.

Dans ces mêmes temps, une chanson contre la seconde République courait aux environs de la Comédie Française. Ces couplets venaient d'un comédien, alors assez vieux, et qui, par conséquent, avait pu assister *de visu* à l'agonie de l'ancien régime, détruit par la première République. J'ai nommé Samson. Ah ! Samson était très bon quelquefois, souvent médiocre, mais il passait pour une autorité dans son art. On sait qu'il a fait des comédies en vers. Ah! quels mauvais vers! Apollon et ses neufs Muses savent et répètent qu'aucun de ces alexandrins n'est resté vivant parmi nous, tant ils étaient mal faits. Mais Samson, — monsieur *Sameson* comme disaient ceux qui se moquaient de lui, — en voulait d'une manière intime à la Révolution de Février. Il ne savait pas voir, il ne voyait pas que ce mouvement étrange, tout nouveau, faisait des choses que le monde n'a jamais vues, puisqu'un ouvrier était admis à entrer dans le gouvernement qu'elle fondait, que trois millions d'ouvriers et six millions de paysans devenaient électeurs, et, chose plus inconcevable, que l'homme à peau noire était proclamé par elle l'égal de l'homme à peau blanche. Il ne comprenait donc point que, depuis la révolte d'un jeune charpentier, de Jésus de Nazareth, il n'y avait jamais eu de manifestation plus nette en faveur de l'égalité sociale, et cet homme d'une caste naguère proscrite, puisqu'il était un homme de théâtre, méprisé par les nobles et honni par les prêtres, se mettait à faire, — très petitement, — la guerre aux grands principes qui avaient émancipé lui et les siens.

J'ai donc dit que M. Samson avait fait une chanson. Ah! cette chanson, rythmée sur l'air de *Ma Tante Urlurette* ou *Turlurette*, je ne sais pas au juste, on l'en complimentait. On lui disait : « — Ah! monsieur Samson, — *monsieur Sameson*, — que de verve! que de gaieté! que d'esprit! — Et il souriait d'aise, et il était heureux, et il se croyait un homme de talent. — De cette chanson bizarre je n'ai retenu que le premier couplet, mais cet échantillon vous suffira :

> Républicain, que veux-tu,
> Avec ton chapeau pointu?
> Tu veux nous couper la tête.
> Je trouve ça bête.
>   Ah! j'trouve ça très bête!

— Ma foi, moi aussi, couper la tête avec un chapeau pointu, répliquait Beauvallet qui n'était pas réactionnaire, oui, je trouve ça très bête, cher monsieur *Sameson*. Ça n'était pas comme ça qu'on s'y prenait autrefois.

*
* *

Connaissez-vous l'*Éloge de l'oie ?* c'est un opuscule posthume de Romieu, ingénieux travail qu'il est question de faire paraître en librairie.

Journaliste, préfet, romancier, gourmand, excentrique, Romieu a vengé, à ce qu'il paraît, l'oie du dédain injuste des Parisiens.

Chose curieuse, il paraît que l'*Éloge de l'oie* remonte a l'année 1833 (il y a cinquante-deux ans !) En 1833, Romieu n'était que deux choses : sous-préfet et gourmand. Destitué en 1848, il est redevenu un homme politique, et il n'a plus eu, dès lors, ni gaieté ni esprit.

En ce temps-là, en 1833, l'auteur, encore jeune, était à l'apogée de sa gloire.

A cette époque, le Palais-Royal jouait une pochade fort amusante, intitulée : *Les Baigneuses*. Alcide Tousez, en garde champêtre, moitié niais, moitié malin, racontait à des villageois l'aventure du sous-préfet de Louhans, dévoré par les hannetons et reparaissant quelques jours après préfet de Périgueux.

« — Comment ! Vous ne savez pas ? — Ça été
» mis dans le journal : le sous-préfet, vous vous
» rappelez, ce petit maigret avec un ruban rouge
» et une figure jaune, qu'est venu dernièrement
» pour la conscription. Il avait mis à prix la tête
» des hannetons à huit sous le boisseau. Ça les
» a rendus furieux et, en allant à cheval, par la
» forêt, il a été dévoré... dévoré de fond en
» comble par les plus féroces : on n'a retrouvé
» que sa croix d'honneur ! »

Romieu, pendant un voyage à Paris, alla voir cette pochade, comme tout le monde, et il y riait aux larmes.

Quelques-uns de ses amis, politiques sévères, l'engageaient à faire *donner un suif* à la commission de censure qui avait permis cet alinéa irrévérencieux.

— Allons donc, s'écria le joyeux préfet de la Dordogne, j'ai fait la guerre aux hannetons ; si je la faisais aux censeurs, ce serait une récidive !

*
* *

Tisserant, du Gymnase de 1848, Tisserant qui, depuis lors, a fait si belle figure à l'Odéon, Tisserant était tout à la fois un fort galant homme et un homme d'esprit.

Fils d'un volontaire de 1792, il était républicain dans l'âme.

Il avait connu Hégésippe Moreau pendant sa jeunesse et il avait été son ami.

Sous le second Empire, il disait :

— Nous avons trouvé le moyen de faire de l'opposition à ces gredins rien qu'en gardant le silence.

En 1857, il se trouve en chemin de fer à côté du fameux Morny, un duc, vous savez de quel tonneau.

La conversation s'engage sur les comédiens.

— Est-ce que vous estimez beaucoup les gens de théâtre ? lui demande brusquement l'homme du coup d'État.

— Mon Dieu ! monsieur, répond Tisserant, les comédiens sont comme les ducs, il y en a de bons et il y en a de détestables.

Attrape, monsieur de Saint-Rémy !

*
* *

Léon Gozlan avait donné à l'Odéon *Notre-Dame-des-Abîmes*, un drame dont l'action se déroulait pendant la première République. Très ombrageuse, la censure du temps de Louis-Philippe s'opposait à ce qu'on jouât cet ouvrage. Auguste Lireux qui comptait sur un succès, disait cent fois par jour :

— Si l'on ne joue pas la pièce, je suis un homme ruiné.

A la fin, Bocage finit par obtenir qu'on rendît le manuscrit.

Bocage était l'âme de ce drame.

La majesté avec laquelle il ceignait l'écharpe tricolore d'un représentant du peuple, fit presqu'à elle seule le succès de la pièce.

Un soir, Bocage vint au théâtre à huit heures pour jouer son rôle. Le spectacle, augmenté, ce jour-là, de l'*Horace* de Corneille, était commencé depuis une demi-heure.

Bocage furieux déclara qu'il voulait jouer à huit heures, comme les jours précédents ; qu'il était fatigué ; qu'il prétendait se coucher de bonne heure, et que, finalement, il ne jouerait pas du tout, si l'on ne donnait pas sa pièce tout de suite.

— Où en est-on d'*Horace ?* demanda Lireux.

— On vient de commencer le second acte.

— Eh bien, après le second acte, on prendra *Notre-Dame-des-Abimes.*

— Et *Horace ?*

— On l'achèvera après le drame.

Ainsi fut fait.

Le public ne comprit pas très bien comment du premier siècle de la fondation de Rome, le sujet sautait subitement à 2461 ans plus tard. Il comprit encore moins, quand on reprit le troisième acte d'*Horace,* pour quelle raison l'épisode révolutionnaire qu'on venait de lui servir remontait à l'an 669 avant Jésus-Christ pour s'y dénouer. Mais il accepta la situation sans protester et se retira satisfait; seulement il trouva la pièce un peu longue.

Bonne pâte de public !

En 1838, deux jeunes gens lisaient dans une soirée un drame destiné à la Porte-Saint-Martin. Cela s'appelait *Charles VIII à Naples.* Après un an de démarches, d'allées, de venues, le directeur leur rend la pièce ; elle n'est pas jouable.

Nos jeunes gens, tous deux étudiants en droit, l'avaient faite en collaboration :

— J'y renonce, disait l'un en sortant du terrible cabinet directorial. Décidément, je me fais avocat.

— Moi, je persiste, et je vais faire une autre pièce.

Celui-ci était Émile Augier et l'autre Nogent Saint-Laurens.

Pardieu, le Palais-de-Justice est aussi un théâtre, où l'on joue tour à tour la tragédie à la cour d'assises et la comédie à la police correctionnelle. Et, en définitive, il s'est trouvé, qu'en prenant des sentiers différents, les deux collaborateurs ont fini par arriver au succès.

L'auteur du présent livre, a même eu l'honneur un jour, d'être, sous le second Empire, défendu par Maître Nogent Saint-Laurens, à cause d'une lettre posthume de Gérard de Nerval, où ce dernier *blaguait* M. Scribe.

— Comment ! s'écriat l'avocat redevenant tout à coup un auteur comique, comment ! Voilà que vous accusez M. Philibert Audebrand parce qu'il a imprimé la lettre d'un mort ! Eh bien, est-ce que vous ne devez pas condamner au bagne ceux qui ressuscitent la correspondance de madame de Sévigné ?

Ce fut peut-être ce trait qui fit grandement adoucir la sentence.

*
* *

En avril 1869, une scène touchante se passait

au foyer du Vaudeville. Après une représentation de la *Dame aux Camélias*, la troupe entière s'était réunie à table. Il s'agissait de faire ses adieux au théâtre, démoli par ordre du baron Haussmann, alors préfet de la Seine. Dès le lendemain, on devait émigrer dans la salle nouvelle, sise au coin de la Chaussée d'Antin.

La première pensée — car les comédiens mettent de la gaieté partout — avait été que chacun apportât un marteau et que, devançant les démolisseurs de M. Haussmann, il emportât un petit morceau de sa loge. « Mais — a fait observer l'un d'eux — la pioche, demain matin, nous évitera cette peine, et, parmi les décombres, chacun retrouvera sans peine un lambeau de ces planches dont il connaît chaque fibre et chaque nœud ! »

A défaut de marteaux battant les murs, on a battu des mains ; on a ri, on a porté de toasts, on a dansé ; on a même récité des vers. Voici, parmi tous ces adieux, quelques-uns de ceux de Delannoy.

> Si je prends la parole, amis, il faut m'absoudre,
> Au moment du départ, je ne puis me résoudre
> A me montrer ingrat, et quand tout est fini,
> Je veux laisser un mot au bord de notre nid !
> C'est le dernier morceau que je jette dans l'âtre ;
> Je veux parler encore à notre vieux théâtre !

Saluons le progrès, et vive le nouveau!
Mais au vieux serviteur ôtons notre chapeau!
A beaucoup d'entre nous il donna le baptême,
Il fut notre berceau, aimons donc qui nous aime;
Pour la dernière fois quand nous voyons ce lieu,
Au vieil ami qui tombe il nous faut dire adieu!

*
* *

Grassot, du Palais-Royal, avait l'esprit très prompt à la riposte.

On cite vingt traits à ce sujet. Bornons-nous à rapporter un seul mot.

Grassot se plaignait à son tailleur du prix excrbitant d'un habit compté cent cinquante francs sur sa note.

— Que voulez-vous? dit l'industriel, il faut bien que les bons payent pour les mauvais.

— Comme ça se trouve! s'écria le joyeux comique; je viens justement de lire dans un journal que je suis très mauvais et que Sainville est excellent. Dites-lui qu'il vous paye mon habit!

*
* *

Encore l'esprit de Grassot.

En 1866, le joyeux comique du Palais-Royal, ayant à envoyer des amis de province au spectacle, adressait la requête suivante à l'un de ses anciens camarades, alors secrétaire d'un des théâtres du boulevard.

» Lorsque Hébé versait à Jupiter le petit Su-
» resne de l'Olympe et que Io, changée en vache,

» lui donnait un autre genre de divertissement,
» ces deux drôlesses lui faisaient moins de plaisir
» que tu ne m'en feras toi-même en me donnant
» une loge de quatre places pour ce soir, 25 cou-
» rant, bien entendu.

» Ma reconnaissance sera grande comme la
» plaine Saint-Denis et haute comme les tours de
» Notre-Dame.

» Ton ami.

» GRASSOT. »

« Réponse au porteur, S. V. P. »

Naturellement la loge fut donnée sans retard.

*
* *

Edmond About était merveilleux à entendre quand il parlait de ses débuts au théâtre.

— J'ai été accueilli par une tempête de sifflets à l'Odéon aussi bien qu'au Théâtre-Français.

Journaliste incomparable, conteur endiablé, l'auteur des *Mariages de Paris* a vu tomber tour à tour deux grandes pièces : *Guillery* et *Gaëtana*.

C'est à propos de *Guillery*, représenté à la Comédie Française en 1861, que, dans une curieuse préface, il a lancé l'aphorisme que voici : « La froideur du public est comme un bain, où les faibles prennent des pleurésies et où les forts se retrempent. »

Quant à *Gaëtana*, qui, à l'Odéon, fut presque le point de départ d'une émeute, l'auteur, tout en souriant, disait :

— Pour ce qui est de *Gaëtana*, c'était un *Tolla* général !

Allusion très délicate à *Tolla*, son premier roman.

Pauvre Edmond About ! Avec quel raffinement de cruauté la Fortune l'avait vite *couronné*, puis décoiffé des myrtes, des lauriers et des lilas blancs qu'elle lui avait mis sur la tête !

*
* *

Etrange chose, le plus souvent, que la propriété littéraire !

A l'époque des premières représentations de la *Joie fait peur*, M. Scribe fit une réclamation. Il prétendait que la pièce de madame de Girardin, jouée avec tant de succès, n'était qu'une imitation, presque servile, d'un de ses anciens vaudevilles du théâtre de Madame, intitulé : *Théobald*. Il prit même l'affaire au sérieux, et parla de porter le litige devant le Comité de la Société des auteurs dramatiques.

— Voilà de quelle façon le spirituel académicien prend les choses, dit madame de Girardin ; eh bien ! laissons-le faire.

— Vous défendrez-vous, madame ?

— Moi ? En aucune façon ; seulement...

Seulement, madame Emile de Girardin se contenta d'envoyer au réclamant quatre petits volumes in-12 (c'était le format d'autrefois), les susdits quatre petits volumes publiés, en 1828, chez Ponthieu, au Palais-Royal. Rendons justice à qui de droit. M. E. Scribe n'eut qu'à ouvrir ces quatre tomes pour s'avouer vaincu, et peut-être pour se repentir d'avoir soulevé ce lièvre.

En effet, les quatre in-12 étaient un roman, à la manière de madame Cottin, dont voici le titre : Théobald, *épisode de la guerre de Russie*, par madame Sophie Gay.

Il se trouvait que M. E. Scribe avait pris le sujet de son vaudeville dans un ouvrage de la mère de madame Émile de Girardin.

Il y eut même un fureteur pour prétendre que *Théobald*, arrangé à la moderne, provenait d'un vieux conte suisse.

Propriété littéraire, où es-tu et d'où viens-tu ?

* * *

On demande en ce moment à tous les échos une comédie nouvelle, tant la lignée d'Aristophane est usée, fourbue, déjà démodée.

Ne serait-ce pas le vrai moment pour s'enquérir de la comédie posthume et inédite de feu Harel, œuvre bizarre dont on a tant parlé il y a trente ans : *L'Homme qui n'a qu'un sou?*

Cette pièce écrite sous Louis-Philippe, après le succès des *Grands et des Petits*, renferme, à ce qu'on dit, des hardiesses fort piquantes; mais quelque chose s'oppose à ce qu'on la joue. C'est qu'il en est d'elle comme de la quadrature du cercle : personne ne peut réussir à mettre la main dessus.

Les anciens amis d'Harel prétendent qu'elle est restée en gage dans le tiroir d'un hôtel garni. D'autres supposent qu'elle est déposée en lieu sûr, chez un notaire, d'où elle ne pourra être tirée qu'en 1900, l'auteur ayant pensé qu'elle ne saurait être comprise du public qu'à cette époque-là.

Parmi les écrivains de notre temps, quelques-uns pensent, et Harel était du nombre, que l'éducation littéraire de la foule n'est pas encore assez sérieuse pour qu'on hasarde certaines audaces de fonds et même quelques témérités de détail.

Le règne des opérettes nous a même pas mal retardés.

Dans la préface des *Burgraves*, Victor Hugo, voulant neutraliser l'effet de critiques trop amères, rappelait les nobles paroles d'Eschyle, le vieux poète de l'*Orestie* :

« Je voue mon œuvre au temps. »

*
* *

En 1839, Montdidier débuta au théâtre de la Renaissance dans *Vingt-six ans,* pièce en deux actes de MM. d'Artois, qui lui avaient confié un rôle de jeune sous-préfet.

La Renaissance abusait alors des sous-préfets autant que le Gymnase usait des colonels de M. Scribe.

Au deuxième acte, Montdidier sautait par une fenêtre, et l'un des personnages de s'écrier :

— Allons, bon! voilà les sous-préfets qui sautent par les fenêtres! On ne conçoit plus rien à la marche du gouvernement!

*
* *

Cette jolie mademoiselle Wilhelmine Brunold de Tieffenbach, qui a été madame Émile de Girardin, deuxième du nom, en arrivant d'Allemagne en France, n'entendait rien aux traditions littéraires de notre pays.

Cette tulipe de la Germanie avait été transplantée depuis trop peu de temps pour connaître autre chose que Gœthe, Schiller, Jean-Paul, Hoffmann et les autres.

En 1856, à la reprise de *Zaïre,* jouée par mademoiselle Stella Collas, la pièce étant finie, la jolie Allemande avait dit au célèbre publiciste, son mari :

— Je vous saurais gré, monsieur, de me présenter à l'auteur.

M. Émile de Girardin se mordit les lèvres.

— Mon enfant, répondit-il, cette tragédie est de Voltaire, et Voltaire est mort à la fin du dernier siècle.

Il y avait bien mieux à faire.

C'était de prendre la jeune femme par la main et de la conduire sous le péristyle du Théâtre-Français, devant le chef-d'œuvre d'Houdon.

Voltaire respire toujours dans ce marbre.

.*.

Plus tard, il y a eu de la brouille dans le ménage, brouille suivie d'une demande en séparation de corps et d'un désaveu de paternité.

Alors l'auteur du *Supplice d'une femme* disait de la même personne :

— J'avais le tempérament d'un Othello et elle a fait de moi un Sganarelle.

.*.

Eugène Chapuis, le chroniqueur du *Sport*, qu'on a vu mourir, la plume à la main, était fort homme du monde, fort homme d'esprit. On le regardait, non sans raison comme un puits d'anecdotes.

Voici un trait qu'il racontait, un soir, au foyer de la Gaîté.

— Tenez, disait-il, la mignonne Raymonde, qui joue avec grâce, dans la *Diva*, le rôle de Cupidon, et chante avec succès :

> Mesdames, messieurs, moi, je suis l'Amour ;
> Chacun peut ici me faire sa cour !

mademoiselle Raymonde, par un effet de contraste, elle si coquettement attifée, m'a rappelé une anecdote du premier Empire, une piquante repartie de madame Hainguerlot.

Dans un bal, un masque la poursuivait, la harcelait de ses importunités ; vêtu d'un vieux costume fripé, qu'il achevait de salir, un tricot couleur de chair que couvrait à demi une mauvaise tunique bleue, il portait en sautoir un carquois dépenaillé ; c'était une caricature vivante de l'amant de Psyché. A l'oripeau qui ceignait son front, à l'arc doré, ou plutôt dédoré, sur lequel il s'appuyait, aux ailerons fatigués accrochés à ses épaules, il était impossible de le méconnaître. Comme madame Hainguerlot s'obstinait à ne pas faire attention à ce piètre personnage :

— Regardez-moi donc, lui dit-il, regardez-moi donc ? Je suis l'Amour !...

— Tu n'es certainement pas l'amour propre ! repartit madame Hainguerlot.

Ce fut le « mot de la soirée ».

* * *

Un peu avant le 4 Septembre, M. Ortolan fils, mordu de la tarentule littéraire, s'était mis à écrire des poèmes pour les théâtres Lyriques. C'est ainsi qu'il a donné à différentes reprises, à l'Opéra-Comique, des ouvrages qui n'ont pas eu tout le succès qu'ils méritaient. D'un caractère timide, M. Alfred Ortolan s'était laissé dominer promptement par ceux des artistes qui, doués d'un certain aplomb, lui faisaient avec effronterie les observations les plus saugrenues ; on en arrivait même quelquefois à se moquer d'une façon absolument déplacée. Témoin cette histoire :

Ortolan faisait répéter un ouvrage, dont le principal rôle était tenu par Colson. Celui-ci, très gai de sa nature et trouvant la musique du compositeur un peu sombre, avait résolu de jouer à M. Ortolan tous les tours qui lui viendraient à l'esprit.

Or, dans la pièce, Colson entrait en scène en chantant :

> Je vais la voir !
> Ah ! quel espoir !

A l'une des répétitions, il remplace le second vers : « Ah ! quel espoir ! » par : « Ah ! quel rasoir ! »

Ortolan était à l'orchestre.

— Pardon, dit-il à l'artiste, mais il me semble que vous changez le texte. Il n'y a pas: « Quel rasoir! », mais: « Quel espoir! »

— Mais j'ai dit: « Quel espoir! », répliqua Colson.

— C'est curieux! j'avais entendu: « Rasoir ». N'importe, continuez.

Et Colson recommence de plus belle.

— Ah! cette fois, j'ai bien entendu. Vous avez dit: « Quel rasoir! »

— Moi? Pas du tout!

— Par exemple! Voilà qui est un peu fort. Après tout, peut-être est-ce un effet d'acoustique. Nous allons bien le voir. Venez dans mon fauteuil, moi je vais sur la scène.

Et ils font échange de places.

— Faites attention, dit Ortolan, je vais chanter.

Et il entonne le:

Je vais la voir!
Ah! quel espoir!

— Eh bien, lui crie Colson, j'ai bien entendu. Vous avez dit: « Quel rasoir! »

Ortolan était désolé.

— Enfin, dit-il en regagnant sa place, que voulez-vous faire à cela? Il y aura une personne dans la salle qui entendra: « Quel rasoir! » au lieu de ce qui est écrit. Il faut bien s'y résigner.

Il n'a jamais cru qu'on s'était moqué de lui.

Le comédien farceur est un type qui se trouve un peu dans tous les théâtres de Paris.

* *

Le rôle d'Alcmène dans *Amphitryon* est l'écueil de presque toutes les actrices.

En 1856, mademoiselle Judith, alors si jolie, y déploya une grâce, une beauté et surtout une réserve incomparables.

La comédienne, encore dans la coulisse, recevait, le soir, ce quatrain, signé : Roger de Beauvoir :

> En la voyant belle et naïve en scène,
> Le spectateur se demandait :
> — Judith, est-ce bien Alcmène
> Ou la *Psyché* de Girodet ?

* *

Un détail d'archéologie littéraire à propos de la reprise d'*Antony* :

En 1831, à l'époque où le drame si original d'Alexandre Dumas fut joué pour la première fois, Bocage produisait un effet terrible, au troisième acte, dit l'acte du viol.

Au moment où la nuit se faisait dans l'auberge, le grand acteur, escaladant la fenêtre, brisait un carreau très réellement, guettait Adèle et se jetait sur elle, un mouchoir blanc à la main.

A l'aide de ce mouchoir, il étouffait les cris de la jeune femme.

En mai 1884, tout cela a eu lieu à l'Odéon, avec le mouchoir de Bocage en moins.

Pourquoi cette omission ?

Jules Janin écrivait, il y a cinquante-deux ans :

« Le mouchoir d'*Antony* mérite autant de devenir historique que le mouchoir de *Tartuffe*. »

On a de même supprimé les interjections romantiques du bâtard comme étant par trop démodées. Ainsi, en apprenant le départ subit d'Adèle qui va à la rencontre de son mari, le héros d'Alexandre Dumas ne s'écrie plus : « Enfer ! Damnation ! » Deux grands mots, presque synonymes, d'une allure tout à fait byronienne et qui, au lendemain de 1830, pouvaient encore donner le frisson. On aura jugé sans doute que les théories du positivisme agissent aujourd'hui sur le parterre, surtout à l'Odéon.

— Parlez donc d'enfer et du fait de brûler éternellement au fond d'une chaudière à un public qui ne croit plus au diable, et ce public rira à se tordre, a dit un critique.

*
**

On sait que Victor Cochinat, le chroniqueur mulâtre, a quitté Paris depuis un an environ.

Ce petit-fils des nègres est retourné dans sa

Martinique, car c'est là le pays qui lui a donné le jour.

Victor Cochinat est nommé bibliothécaire de la ville de Fort-de-France, ville bizarre où il y a beaucoup de fabriques de tafia des Antilles, mais pas de bibliothèque.

C'est au même sang-mêlé, il y a vingt ans, qu'un bambin de Rouen fit un jour une question monumentale.

Le journaliste au teint noir venait faire une visite aux parents du petit garçon.

— Eh! s'écria ce dernier, eh! monsieur, tu as donc perdu ton papa ou ta maman, que tu es en deuil des pieds à la tête?

* * *

Le même Victor Cochinat racontait à Alexandre Dumas fils, qu'une fois, en pleine Normandie, se trouvant sans ressources, il s'était engagé dans une troupe de comédiens ambulants.

— Ils m'ont engagé pour jouer la *Tour de Nesle* avec eux, ajoutait-il.

— La *Tour de Nesle!* riposta Alexandre Dumas fils; dans ce cas-là, vous voyant si noir, ils ont dû vous donner à remplir le rôle de la prison.

FIN

TABLE

EN GUISE DE PRÉFACE.	1
I. — Saint Elleviou	5
II. — Un savetier, (épisode de la vie d'Odry). .	11
III. — Les deux centenaires, (le grand Potier.).	19
IV. — Les acteurs dans la rue	26
V. — Les droits d'auteur.	34
VI. — Comment finissent les actrices?.	42
VII. — L'auteur d'*Hernani* sur *Hernani*.	51
VIII. — Le Flonflon	63
IX. — Les Gens de théâtre	71
X. — Un Mécène.	75
XI. — Les forçats littéraires.	83
XII. — La Semaine des Adieux.	91
XIII. — Napoléon Musard	101
XIV. — La statue de Corneille	107
XV. — Actrices maigres et Actrices grasses. . .	114
XVI. — Les deux cents francs de l'Auvergnate. .	120
XVII. — Histoire d'une stalle d'orchestre.	125
XVIII. — A la foire de Saint-Cloud.	133
XIX. — Les mots qui passent. — Les mots qui restent	142
XX. — Darcier	150
XXI. — Le journal au théâtre	167

TABLE

XXII. — La grève des musiciens. 180
XXIII. — Frédérick Lemaître. 189
XXIV. — L'argent prêté. 193
XXV. — Le commerce des chansonnettes 203
XXVI. — Meyerbeer. 209
XXVII. — Un quart d'actrice. 220
XXVIII. — Pendant le siège de Paris. 227
XXIX. — L'actrice faite homme 244
XXX. — Ceux qui deviennent fous. 249
XXXI. — La femme à barbe. 255
XXXII. — Les boutons de diamant 259
XXXIII. — Le collégien et la comédienne. 265
XXXIV. — Charles Hougo, le Talma hongrois . . . 275
XXXV. — Une conférence de Me Crémieux, avocat. 284
XXXVI. — Le public et les Auteurs dramatiques . . 296
XXXVII. — Le rêve de Florence 299
XXXVIII. — Auguste Lireux, directeur de l'Odéon . . 303
XXXIX. — Le Persan de l'Opéra. 323
XL. — A travers les foyers 323

TABLE ALPHABÉTIQUE

DES NOMS PROPRES

CITÉS DANS CE VOLUME

About (Edmond), 347, 348.
Achard (Amédée), 315.
Adam (Adolphe), 154.
Alboize, 169.
Alboni (madame), 119.
Aligre (le marquis d'), 200.
Allan (madame), 332.
Altaroche, 309.
Amélie (la reine), 194.
Andrieux, 316.
Arnal, 13, 29, 30, 71, 93, 94, 95, 96, 97.
Arnould (Sophie), 44, 273.
Artois (MM. d'), 351.
Asseline (Alfred), 89.
Auber, 154, 186, 299.
Augier (Emile), 314, 319, 344.
Aycard (André), 315.

Bachaumont, 26, 41.
Badinguet, 282.
Balzac (H. de), 38, 194, 221, 272.
Banville (Théodore de), 100, 333.

Bapst (Paul), 334.
Barbier (Auguste), 195.
Baron, 91.
Barthélemy, 288, 315.
Basselin (Olivier), 64.
Beaumarchais, 37, 38, 39, 41, 191.
Beauvallet, 80, 99, 148, 339.
Beauvoir (Roger de), 45, 113, 356.
Beethoven, 232.
Bell (Georges), 89, 90.
Bellini, 328, 329.
Béranger, 77, 206.
Bérardin (Jules et Edouard), 130.
Bérardin (Sigismond), 129, 130.
Berlioz (Hector), 156.
Berthaud, 191.
Berthelier, 29.
Berton, 28, 232, 239.
Besselièvre (Ch. de), 193.
Beulé, 217, 218, 219.
Blanche (le docteur), 254.

Blanche, 329.
Bocage, 13, 30, 266, 317, 342, 356, 357.
Bocage (Paul), 89.
Boïeldieu, 186.
Bonaparte (Louis), 172, 220, 240, 242, 282, 311.
Bonjour (Casimir), 148.
Bonnat, 75.
Bonval (mademoiselle), 332.
Bossuet, 136.
Boudin (maître), 128, 129.
Bouffé, 93, 98, 99.
Bourdonnaye (de la), 56.
Bourget, 206, 207.
Boyer, 336.
Bressant, 99, 100.
Broggi (Paolo), 515.
Brohan (Augustine), 148, 332.
Brohan (Madeleine), 332.
Brohan (Suzanne), 73.
Brucker (Raymond), 168.
Brunold de Tuffenbach (M.), 251.
Brunswick, 252.
Buloz, 196.

Calonne (Ernest de), 319, 320.
Camargo (la), 43.
Carjat (Etienne), 164.
Carlier, 157.
Cavaignac (général), 156, 157, 169, 178.
Cham, 310.
Champmeslé (la), 43.
Changarnier, 157, 160.
Chapuis (Eugène), 352.
Charles X, 22, 53, 75, 206, 330.
Charlet, 191.
Chateaubriand, 18.
Chénier (André), 208, 293.
Clairville, 169, 170.
Claretie (Jules), 231, 233.
Cler (Albert), 309.
Cochinat (Victor), 357, 358.
Cogniard (frères), 169, 190.
Collas (mademoiselle Stella), 331.
Collé, 63.

Colmance, 208.
Colson, 354, 355.
Comberousse (A. de), 169.
Commerson, 256.
Constant (Benjamin), 77.
Coquelin, 232.
Cora Pearl (Emma Cruch), 220, 221, 222, 223, 224, 225, 226, 256.
Corbière, 58.
Cordellier Delanoue, 110.
Cordier (Jules), 169, 170, 178.
Corneille (Pierre), 35, 36, 107, 108, 111, 113, 197, 271, 289, 293, 342.
Cottin (madame), 349.
Courbet (Gustave), 256.
Courier (Paul-Louis), 77.
Cousin (Victor), 272.
Crébillon, 289, 293.
Crémieux (Adolphe), 284, 285, 287, 289, 290, 291, 292, 294, 295.
Croizette (mademoiselle), 265, 266, 273, 274.
Cruvelli (Sophie), 335.
Cyrano de Bergerac, 13, 63.

Dancourt, 272.
Dantan, 102.
Darcier, 150, 152, 153, 154, 155, 156, 157, 158, 160, 161, 163, 165, 166, 218.
Déjazet, 32, 100, 273, 274.
Delacour, 149.
Delannoy, 345.
Delaporte (mademoiselle Marie), 100.
Delord (Taxile), 315.
Delsarte, 99, 153, 160.
Denain (mademoiselle), 332.
Dennery, 19.
Désaugiers, 65, 331.
Deschamps (Emile), 102.
Desnoyers (Fernand), 256.
Desprez (Ernest), 168.
Destouches, 272.

TABLE ALPHABÉTIQUE DES NOMS PROPRES

Dévéria, 68, 76.
Diderot, 233, 293.
Dormeuil, 65, 66.
Dorus (madame), 213.
Dorval (madame), 76, 120, 121, 122, 123, 124, 266, 317.
Doze (mademoiselle), 45.
Dubois (mademoiselle), 332.
Duchesnois (mademoiselle), 124, 289.
Ducis, 277.
Dufresny, 36.
Duguerret (mademoiselle), 231, 239, 243.
Dujarrier, 113.
Dumaine, 253.
Dumas (Alexandre), père, 76, 88, 89, 90, 108, 109, 110, 111, 112, 113, 120, 121, 141, 270, 314, 356, 357.
Dumas (Alexandre), fils, 142, 143, 200, 298, 358.
Du Mersan, 14, 15, 16.
Dupeuty (Adolphe), 89.
Duponchel, 66.
Dupont (Pierre), 150, 155, 161, 162, 163.
Duprez, 99, 154, 160.
Duran (Carolus), 265.
Duval, 226.
Duvert, 94.

Elleviou, 5, 6, 7, 8, 9, 10.
Empis, 446, 447.
Epagny (d'), 319.
Etienne, 7.

Fages (Urbain), 90.
Falcon (Cornélie), 47.
Favart (mademoiselle), 232, 239, 243, 332.
Favre (Jules), 193, 284.
Faÿ (Léontine), 31, 335.
Ferville, 93, 97, 98, 99, 100.
Fétis, 211.
Fieschi, 79.

Fiorentino, 114, 115, 116, 117, 118, 119, 215.
Fix (Delphine), 49, 148, 332.
Flore, 48.
Florian, 160.
Fontan, 109.
Fould (Achille), 148, 149, 314.
Frédérick Lemaître, 13, 31, 99, 112, 160, 189, 190, 191, 192, 193, 194, 195, 196, 197, 231, 239, 210.
Frégier, 87.

Galles (le prince de), 326.
Gambetta (Léon), 285, 290, 295.
Garcia (Marie), 49.
Garnier, 132.
Gautier (Théophile), 47.
Gavarni, 76, 144.
Gay (Sophie), 349.
Georges (mademoiselle), 46.
Gille (Charles), 155.
Girardin (Emile de), 352.
Girardin (madame Emile de), 348.
Girodet, 356.
Gisquet, 106.
Glück, 218.
Goëthe, 269, 318, 351.
Goritz (Max de), 90.
Got, 26, 27.
Gouffé (Armand), 67.
Gozlan (Léon), 6, 12, 50, 168, 185, 186, 315, 319, 332, 333, 342.
Gramont-Caderousse, 223.
Grangé, 19.
Gras (Anatole), 252, 253.
Grassot, 346.
Grévin, 144.
Gringoire (Pierre), 133.
Guérin de Vaux, 304.
Gueymard-Lauters, 232.
Guinot, 315.

Habeneck, 127.
Hainguerlot (madame), 353, 354.

TABLE ALPHABÉTIQUE DES NOMS PROPRES

Hainl (Georges), 242.
Halévy (Léon et Ludovic), 334.
Harel, 350.
Haussmann, 345.
Heine (Henri), 211.
Hoche (Lazare), 156.
Hoffmann, 171, 321.
Houdon, 352.
Hougo (Charles), 275, 277, 278, 279, 281, 282.
Houssaye (Arsène), 49, 148.
Huart (Louis), 3 9.
Hubert (Joseph), 329.
Huché (Jacques-Louis), 329.
Hudson Lowe, 224.
Hugo (Victor), 51, 52, 53, 54, 55, 56, 57, 59, 61, 62, 107, 112, 120, 133, 210, 231, 234, 235, 236, 237, 241, 270, 279, 290, 350.
Hyacinthe, 32.

Jailly (Hector de), 330.
Janin (Jules), 47, 69, 159, 161, 162, 167, 284, 304.
Jean-Paul. 351.
Jérôme (Julien-Guillaume), 328.
Jérôme (le prince), 224.
Judith (mademoiselle), 19, 336.
Jullien, 103, 104, 106.

Kalil-Bey, 259, 260, 261, 262, 263, 264.
Karr (Alphonse), 12, 168, 309.
Kean (Edmond), 249, 250.
Kock (Paul de), 39.

Labiche (Eugène), 97.
Laboulaye (Ed.), 285.
La Bruyère, 145.
Lachaume, 146.
Lacordaire (Dominique), 135.
La Fayette (de), 77.
Laffitte, 77.
Lafontaine, 231, 239.
Lamartine, 141.
Lamennais, 210.

La Rochefoucauld, 145.
Lassagne, 252.
Latouche (H. de), 121, 167.
Laurent (madame Marie), 232, 239, 243.
Laurier (Clément), 285, 290.
Lebel, 252, 253.
Lebrun (Pierre), 108.
Le Kain, 190.
Lenormand (mademoiselle), 213.
Léonce, 29.
Lepeintre aîné, 252, 253.
Lepeintre jeune, 71, 72, 73, 74.
Lermina (Jules), 276.
Lesage, 272.
Lessing, 318.
Levasseur, 99, 213.
Levassor, 99.
Lhérie, 252.
Lia-Félix, 231, 239.
Liard, 191, 192.
Ligier, 18.
Lireux (Auguste), 308, 309, 310, 311, 312, 313, 315, 316, 317, 318, 319, 320, 321, 342.
Lolla Montès, 113.
Louis XI, 133.
Louis XIV, 35, 43, 145.
Louis XV, 37.
Louis-Philippe, 8, 45, 71, 78, 79, 80, 81, 144, 145, 193, 194, 200, 287, 315, 330, 342, 349.
Lurine (Louis), 309.
Luther (Amédine), 49.

Madelène (Henri de la), 89.
Maillan, 109.
Maillart, 93, 97, 99.
Malibran (la), 46, 121, 246, 250.
Mante (mademoiselle), 330.
Maquet (Auguste), 314.
Marie-Antoinette, 48.
Marivaux, 272.
Mars (mademoiselle), 45, 292, 330.
Martignac (de), 55.
Mathieu (Gustave), 155.
Mazarin, 204.

TABLE ALPHABÉTIQUE DES NOMS PROPRES

Meilhac (Henri), 298.
Mentschikoff, 13.
Mercier (Sébastien), 38, 228.
Mercœur (Elisa), 79.
Merle (J. T.), 124.
Méry, 195, 212, 287, 288, 315.
Meurice (Paul), 241.
Meyerbeer, 104, 154, 209, 210, 211, 212, [213, 214, 215, 216, 217, 218, 219.
Mignet, 315.
Millaud (Polydore), 276, 282.
Molé, 190.
Molière, 40, 77, 88, 168, 197, 272, 290, 317, 320, 330.
Monnier (Henri), 74.
Monrose, 252.
Montaigne, 77.
Montalivet (comte de), 75, 76, 77, 79, 80, 81, 82.
Montdidier, 351.
Montemont (Albert), 68.
Montpensier (duc de) 105.
Moreau (Hégésippe), 341.
Morny (de), 341.
Mourier, 317.
Mozart, 218, 232.
Munckacsy, 134, 135, 136.
Murger (Henri), 114, 115, 116, 117, 118, 119.
Musard (Napoléon), 101, 102, 103, 104, 105.
Musset (Alfred de), 46, 101, 146, 147, 193, 294.
Mustapha-Pacha, 263.

Napoléon Ier, 227.
Napoléon III, 65, 148, 205, 206, 242, 260, 263, 282, 326.
Nathalie (mademoiselle), 332, 333.
Nerval (Gérard de), 344.
Nodier (Charles), 111, 268, 294, 337.
Nogent-Saint-Laurens, 344.
Norias (Jules), 187, 276, 277.
Nourrit (Adolphe), 93, 213, 252.
Numa, 99.

Octave (Madame), 48.
Odry, 11, 17, 18, 48.
Offenbach (Jacques), 64, 222.
Ortolan (Alfred), 354, 355.

Pagès (Alphonse), 276.
Panard, 63.
Pascal, 233.
Pasdeloup, 232.
Paul-Ernest, [116.
Pérey (Charles), 253, 254.
Picard, 316.
Piron, 77.
Pistache, 126, 127, 128, 131, 132.
Platon, 204.
Plouvier (Édouard), 155.
Ponchard, 99.
Ponsard (François), 287, 314, 319, 334.
Ponthieu, 349.
Pontmartin, 212.
Potier, 19, 20, 21, 22, 23, 24, 92.
Potier (Charles), 19, 20, 21.
Préville, 93.
Prévost-Paradol, 334.
Proudhon (P. J.), 48, 171, 181.
Prunier, 216, 217.
Pyat (Félix), 168, 190, 196, 319.

Quérard, 88, 89.

Rabelais, 77, 233.
Rachel, 47, 160, 289, 291, 294, 312, 332.
Racine, 35, 108, 289, 290, 293.
Raphaël-Félix, 232.
Radcliff (Anne), 257.
Ratisbonne (Louis), 334.
Raymond, 252.
Raymonde, 353.
Récamier (madame), 221.
Régnard, 222 272.
Renan (Ernest), 135.
Révillon (Tony), 242.
Reybaud (Louis et Charles), 315.
Reybaud (madame), 315.
Richelieu, 109.

Rochefort (Henri), 89, 256, 276.
Roger, 154.
Rollinat (Maurice), 256.
Romieu, 75, 339.
Roqueplan (Nestor), 81, 126, 131, 167, 269, 272, 273.
Rossini, 154, 212, 218.
Rouget (Charles), 315.

Sainte-Beuve, 76.
Saint-Germain, 29.
Samson, 93, 97, 98, 337, 338, 339.
Sand (Georges), 121, 168, 271.
Sandeau (Jules), 147, 168.
Sarah-Bernhardt, 243.
Sarcey (Francisque), 245, 276.
Sardou (Victorien), 146, 298.
Sauton (Georges), 276.
Sauvage (Eugénie), 98.
Say (Léon), 285, 289.
Scarron, 74, 154, 321.
Schiller, 276.
Schiller, 318, 351.
Schnerb (Eugène), 276.
Scholl (Aurélien), 89.
Scribe, 39, 68, 299, 314, 348, 349, 351.
Seveste, 33.
Sévigné (madame de), 344.
Shakespeare, 88, 106, 135, 289, 318.
Shéridan (Richard), 249.
Siraudin, 149.
Solesme, 20.
Solié (Émile), 315.

Souvestre (Émile), 30.
Stockley, 252.

Tabarin, 63.
Taglioni (Marie), 47, 213.
Taillade, 231, 239.
Tallemant des Réaux, 25.
Talma, 18, 22, 190, 219, 277, 289, 291, 292, 293, 294.
Taylor (le baron), 109, 110.
Thérésa, 206, 255, 257, 258, 261, 262, 263.
Thierry (Édouard), 290.
Thiers (Adolphe), 311, 315.
Tisserant, 341.
Tousez (Alcide), 340.
Triat, 164, 165.
Trognon, 265, 267.

Vadé, 80.
Vallès (Jules), 256.
Varin, 336.
Vaulabelle (Achille de), 168.
Vaulabelle (Éléonore de), 168, 169, 170, 179.
Véron (Louis), 311, 312.
Veuillot (Louis), 257.
Vigny (Alfred de), 120, 270.
Villars, 252.
Villèle (de), 77.
Villemot (Auguste), 276.
Voltaire, 37, 38, 77, 84, 100, 146, 233, 293, 352.

Walewski (comte), 314.
Weber, 218, 231.

F. Aureau. — Imprimerie de Lagny.

www.ingramcontent.com/pod-product-compliance
Lightning Source LLC
Chambersburg PA
CBHW050301170426
43202CB00011B/1773